Mind Mapping

Horst Müller

2. Auflage

Haufe

Bibliografische Information der Deutschen Bibliothek

Die Deutsche Bibliothek verzeichnet diese Publikation in der Deutschen Nationalbibliografie; detaillierte bibliografische Daten sind im Internet über http://dnb.ddb.de abrufbar.

Mind Map, Mind Maps und Mind Mapping sind eingetragene Warenzeichen. Im Text haben wir aus Gründen der Lesbarkeit auf die Kennzeichnung als Marke verzichtet.

ISBN 978-3-448-07389-8
Bestell-Nr. 00866-0002

1. Auflage 2005 (ISBN 3-448-06776-8)
2., durchgesehene Auflage 2006

Postanschrift: Postfach, 82142 Planegg
Hausanschrift: Fraunhoferstraße 5, 82152 Planegg
Fon: (0 89) 8 95 17-0, Fax: (0 89) 8 95 17-2 50
E-Mail: online@haufe.de
Internet: www.haufe.de
Lektorat: Susanne von Ahn
Redaktion: Jürgen Fischer
Redaktionsassistenz: Christine Rüber

Umschlaggestaltung: Simone Kienle, 70182 Stuttgart
Umschlagentwurf: Agentur Buttgereit & Heidenreich, 45721 Haltern am See
Druck: freiburger graphische betriebe, 79108 Freiburg

Zur Herstellung der Bücher wird nur alterungsbeständiges Papier verwendet.

TaschenGuides – alles, was Sie wissen müssen

Für alle, die wenig Zeit haben und erfahren wollen, worauf es ankommt. Für Einsteiger und für Profis, die ihre Kenntnisse rasch auffrischen wollen:

- Sie sparen Zeit und können das Wissen effizient umsetzen.
- Kompetente Autoren erklären jedes Thema aktuell, leicht verständlich und praxisnah.
- In der Gliederung finden Sie die wichtigsten Fragen und Probleme aus der Praxis.
- Das übersichtliche Layout ermöglicht es Ihnen, sich rasch zu orientieren.
- Schritt für Schritt-Anleitungen, Checklisten, Beispiele und hilfreiche Tipps bieten Ihnen das nötige Werkzeug für Ihre Arbeit.
- Als Schnelleinstieg in ein Thema ist der TaschenGuide die geeignete Arbeitsbasis für Gruppen in Organisationen und Betrieben.

Ihre Meinung interessiert uns! Mailen Sie einfach an die TaschenGuide-Redaktion unter online@haufe.de. Wir freuen uns auf Ihre Anregungen.

Inhalt

Vorwort

Kennen Sie das auch? Sie haben einen Vortrag mitgeschrieben und finden sich hinterher in Ihren Notizen nicht mehr zurecht. Oder Sie müssen selbst einen Vortrag halten und verheddern sich zwischen den vielen Folien und Zetteln mit Stichwörtern und Abbildungen. Oder Sie sollen sich in ein Thema einarbeiten und müssen eine Vielzahl an Literatur sinnvoll zusammenfassen, aber wie?

Schriftliche Notizen helfen beim Umgang mit einer Fülle von Informationen oft nicht recht weiter, weil sie schnell unübersichtlich werden. Und: Sie lassen sich nicht gut merken, weil sie lediglich das logische Denken ansprechen. Bilder und Symbole können wir uns viel leichter einprägen, denn unser Gehirn hat auch eine fantasievolle Seite, die ganzheitlich denkt: die rechte Gehirnhälfte. Sie wird oft vernachlässigt.

Mind Mapping ist eine Methode, die hier ansetzt. Mind Maps sind „Gedankenlandkarten", mit denen Sie Informationen bildlich darstellen können – zum Beispiel um Ideen zu sammeln, Vorträge zusammenzufassen, Zeit- oder Projektpläne zu erstellen.

Dieser TaschenGuide zeigt Ihnen anhand vieler praktischer Beispiele Technik und Einsatzmöglichkeiten des Mind Mapping. Sie lernen, Mind Maps in unterschiedlichen beruflichen und persönlichen Situationen zu nutzen und sich so die Arbeit zu erleichtern – und noch Spaß dabei zu haben.

Mind Mapping – ein gehirngerechtes Denkwerkzeug

Erfahren Sie, was Mind Mapping ausmacht, was hinter der Methode steckt und wie Sie sie anwenden. Nach diesem Kapitel können Sie Ihre ersten Mind Maps erstellen.

Ein Werkzeug, das Übersicht schafft

„Mind Mapping ist für das Zeitalter von Raumfahrt und Computer, was linear strukturierte Konzepte für das Mittel- und angehende Industriezeitalter waren."

Tony Buzan

Vorteile des Mind Mapping

Mind Mapping ist *die* Methode, um der Informationsfülle Herr zu werden, Informationen zu kanalisieren und zu strukturieren. Anwender fühlen sich oft von Druck und Angst befreit, Wichtiges übersehen zu haben, Informationen nicht mehr zu finden, in der Informationsflut zu ertrinken.

▪ *Mind Mapping kann Ihre Übersicht verbessern, Ihnen Dinge klar vor Augen führen, Engpässe und Verbindungen sichtbar machen, Ihnen Ihre Gedanken spiegeln und bewusst machen.* ▪

Es kann Sie bei allen Organisations- und Strukturierungsaufgaben unterstützen. Als Denkwerkzeug fordert es Sie, präziser und klarer zu werden, ermöglicht aber auch die Darstellung komplexer Sachverhalte.

Die in einer Mind Map erzielten Ergebnisse haben schon viele Nutzer überrascht, weil der Prozess des Mappens Ideen und Gedanken zu Tage förderte, die zuvor völlig außer Betracht lagen. In diesem Sinne erschließt die Anwendung verborgene Potenziale und Möglichkeiten. Schauen Sie selbst! Wie wirkt das folgende Beispiel auf Sie?

Eine Besprechung mitschreiben – so oder so?

Beispiel

Claus Ehlers ist Vertrauensmann in einem Labor. Gemeinsam mit seinem Kollegen Heiner Menge, dem Sicherheitsbeauftragten, nimmt er an den regelmäßigen Sicherheitsteambesprechungen teil. Neben dem allgemeinen Protokoll machen sich fast alle Besprechungsteilnehmer eigene Notizen. Während Claus Ehlers in „normaler", linearer Form mitschreibt, erstellt Heiner Menge von jeder Besprechung eine Mind Map.
Claus Ehlers ist nach der heutigen Besprechung wieder einmal etwas zerknirscht, als er seine Notizen durchsieht. Ständig ergaben sich Änderungen und Ergänzungen, die Diskussion ging hin und her, so dass ihm während der Besprechung einfach keine klare Aufzeichnung gelungen ist.
Während Claus Ehlers angestrengt seine Mitschrift durchgeht und nach dem roten Faden sucht, trägt Heiner Menge gut gelaunt die für ihn wichtigen Punkte der Besprechung in seinen Terminplaner ein. Er findet sich schnell zurecht. In seiner Mind-Map-Mitschrift hat er bereits einen gesonderten Zweig erstellt mit allen ihn betreffenden Informationen und To-dos.

Auf den folgenden Seiten finden Sie die Mitschriften von Claus Ehlers und Heiner Menge. Wie beurteilen Sie die Unterschiede?

Besprechung 18.3. 15^{00}

Teilnehmer
WZ, CE, MK
HJ-N, MW, HM

- Organisatorisches
  UVV Nachlieferungen → Ordner einstellen
  ⇒ EDV
  neue Merkblätter
- Sicherheitsarbeit
  # Begehungen HJN 3
  WZ 4 ?
  MK 6
  Entscheidung 4
  # Unterweisungen zu oft
  Alkohol, Winter, Gabelstapler, Säure
  Restalkohol (MW: kann nicht oft genug gesagt werden / wenn sie meint ...)
  BG Materialien
- ~~Seminar Prof. Reason~~
- Dokumentation bis 1.9.
  Sibe, Ersthelfer (Foto, Tel nr.), mögl. Referenten
  Unfallentwicklung Statistiken → CE
- Seminar Prof. Reason
  ~~WZ, MK~~ noch entscheiden
- Modelle
  Bau, Chemie, Automobil

vergessen:
GefStoffV
Behälter + Merkblätter anlegen
(→ neue Merkblätter)

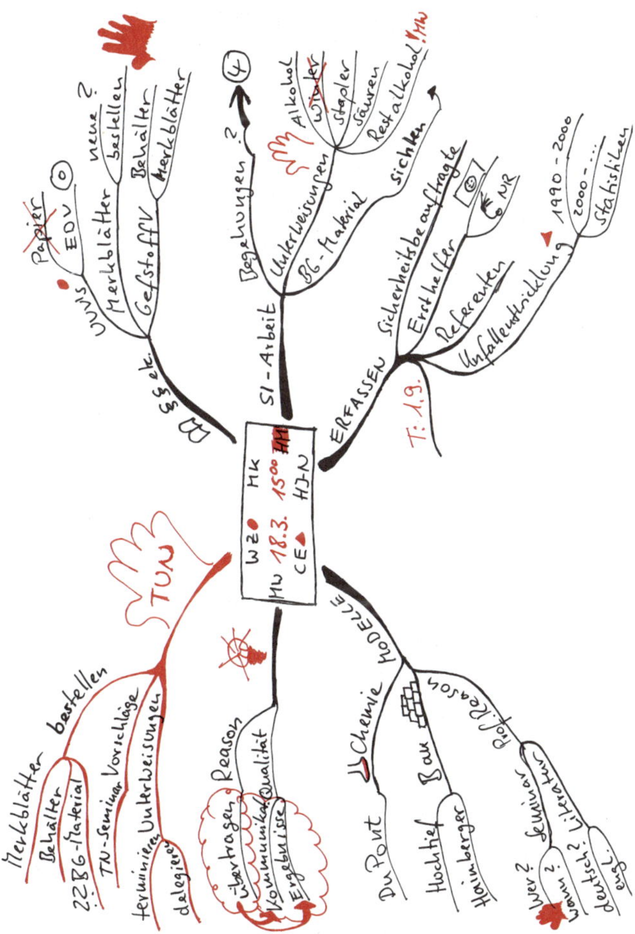
WZ MK
MW 18.3. 15⁰⁰ HM
CE HJN
SI-Arbeit
Begehungen ?
Unterweisungen
Alkohol
Stapler
Säuren
Restalkohol
BG-Material
sichten
ERFASSEN
Sicherheitsbeauftragte
Ersthelfer
Referenten
Unfallentwicklung
1990 - 2000
2000 - ...
Statistiken
T: 1.9.
EDV
Papier
Merkblätter
neue ?
bestellen
Behälter
Merkblätter
MODELLE
Chemie
DuPont
Bau
Hochtief
Reason
Seminar
Literatur
wer ?
wann ?
deutsch ?
engl.
Qualität
übertragen
Kommunikation
Ergebnisse
TUN
bestellen
Merkblätter
Behälter
22 BG-Material
TN-Seminar Vorschläge
Unterweisungen
terminieren
delegieren

Wofür können Sie die Methode nutzen?

Das Beispiel zeigt: In Mind Maps lassen sich vielfältige Informationen darstellen und zusammenfassen. Mind Maps können Sie in den unterschiedlichsten Situationen, zu verschiedensten Zwecken einsetzen:

- **Kreativität und Brainstorming:** Sammeln und strukturieren Sie Ihre Ideen, alleine oder im Team (Seite 56 ff.). Entwickeln Sie berufliche oder private Visionen und Ziele.
- **Informationsmanagement:** Verwalten, strukturieren und organisieren Sie Informationen. Verbessern Sie Ihren Überblick und reduzieren Sie Ihre Suchzeiten. Kanalisieren Sie Informationen, verschlagworten Sie Ihre Themengebiete und organisieren Sie Ihr Wissen mit Mind Maps (Seiten 39 ff., 62, 91).
- **Organisation:** Lassen Sie sich bei der Organisation Ihrer Arbeitsabläufe und Ihres Arbeitsplatzes durch Mind Maps unterstützen. Nutzen Sie statt Checklisten „Check-Maps", statt To-do-Listen „To-do-Maps" (Seite 81). Reduzieren Sie die Zettelwirtschaft, indem Sie „Orte" für Informationen definieren, z. B. Maps für Ideen, Interessen, Internet.
- **Planung:** Verbessern Sie Ihre Aufgaben-, Zeit- und Zielplanung mit Mind Maps (Seiten 77 ff., 93 ff.).
- **Präsentation:** Erarbeiten Sie ein Vortrags-, Text- oder Angebotskonzept – von der Materialsammlung bis zum Skript – mit Mind Maps (Seite 87).
- **Protokolle:** Protokollieren Sie Geschäftsgespräche mit Mind Maps (Seiten 74 f., 88). Im sozialen oder therapeu-

tischen Bereich ist die Methode unschlagbar zur Aufzeichnung von Therapiesitzungen oder Körpererfahrungen.

- **Dokumentation:** Schreiben Sie elegant und umfassend anhand von Mind Maps Vorträge mit (Seiten 69, 91). Bauen Sie Ihre persönliche Wissensdatenbank auf, indem Sie Gelesenes und Gehörtes mit Mind Maps zusammenfassen.
- **Visualisierung:** Machen Sie Dinge sichtbar: Beziehungen, Verbindungen, alle Aspekte eines Themas, vielleicht Ihrer Arbeit oder Ihres Lebens (Seite 94).

In der Mind-Map-Galerie ab Seite 113 finden Sie vielfältige Beispiele zu diesen Anwendungen. Stöbern Sie doch einmal, wie solche Maps aussehen können.

Für wen ist Mind Mapping geeignet?

Generell halte ich, auf Grund der ausgeprägten visuellen Fähigkeiten des Menschen, Mind Mapping für jeden geeignet, der offen ist, eine neue Methode zu erlernen. Meiner Erfahrung nach kann Mind Mapping völlig unabhängig vom Lerntyp (auditiv/Hörtyp, visuell/Sehtyp, kinästhetisch/Bewegungstyp) genutzt werden, eben wegen dieses biologischen Erbes. Was sich unterscheidet, ist, wie der Einzelne die Mind Map erstellt oder mit ihr umgeht.

Beispiel

Maria und Katrin sind Oberstufenschülerinnen an einem Gymnasium. Beide nutzen mit Begeisterung Mind Maps für Mitschriften, zur Unterrichts- oder Klausurvorbereitung. Maria – visuell orientiert – prägt sich meist still sitzend ihre Mind Maps ein, um sie später in einer Klausur als Bild vor sich zu sehen und Inhalte abrufen zu können. Katrin – als Kinästhetin – geht völlig anders vor. Sie hängt die Mind Map an ihre Zimmertür und geht, sich den Inhalt laut vortragend, im Zimmer umher. Sie bewegt sich, Inhalte rekapitulierend, zur Map hin und wieder weg. Später in der Klausur wird sie sich über die Erinnerung an ihr Bewegungsgefühl an die Inhalte erinnern. (Vielleicht würde ihr auch helfen, sich wieder zu bewegen – aber das ist im Unterricht nicht so einfach ...)

Natürlich sind auch die Zugänge zur Methode – wie die Menschen, die sie nutzen – unterschiedlich:

- Die eher kreativen „Chaoten" freuen sich, dass sie eine Methode gefunden haben, die sie nicht in ein starres Schema presst. Die ihnen stattdessen Freiräume gewährt, die die Qualität ihrer Denk- und Arbeitsergebnisse fördert.
- Die strukturierten Denker schätzen, Dinge schnell und hierarchisch zu gliedern und gleichzeitig erarbeiten zu können.

Der Zugang zur Methode will gelernt sein. Für den Unerfahrenen ist Mind Mapping auf den ersten Blick recht ungewöhnlich. Das Umfeld ist nicht selten kritisch bis ablehnend und oft wird die Methode unzureichend vermittelt, ist das Wissen oberflächlich. Hier will dieses Buch Abhilfe schaffen.

Entstehung und Hintergründe

Eine Notlage als Geburtsstunde

Viele Erfolgsgeschichten beginnen in scheinbar ausweglosen Situationen, so auch die Geschichte des Mind Mapping. In den 60er-Jahren saß ein verzweifelter Student über seinen Büchern, kam mit der Stofffülle nicht zurecht und hatte Angst, in den Prüfungen zu versagen: Tony Buzan.

Die Funktionen des Gehirns

Buzan suchte in der Universitätsbibliothek nach Literatur über die effektive Nutzung des Gehirns, wollte wissen, wie man dessen Funktionen, nämlich empfangen, behalten, analysieren, ausdrücken, steuern am besten für Lernprozesse einsetzen könnte, und wurde in die medizinische Fakultät verwiesen. Dort fand er lediglich Bücher zur Physiologie des Gehirns.

„Meinen Hinweis, dass ich mein Gehirn nicht operieren, sondern benutzen wolle, beschied die Bibliothekarin damit, dass es derlei Bücher nicht gebe", berichtet Buzan.

Diese Erfahrung, das Fehlen von lernpsychologischer Literatur, war der Anstoß für Buzans Untersuchungen. Sein Ziel war es,

- durch Farbe und Betonungen Dynamik und Abwechslung in seine Aufzeichnungen zu bringen,
- das umfassende Netzwerk unserer Gedanken und Gedächtnisinhalte mit seinen Verknüpfungen darzustellen,
- das assoziativ von einem Punkt ausgehende Denken zu stärken,
- die Fähigkeiten des Gehirns,
  - Muster schnell wiederzuerkennen und zu verarbeiten,
  - Informationen zu vervollständigen,

– mit Doppeldeutigkeiten umzugehen,

besser zu nutzen.

Buzans Ziel: ein gehirngerechtes Denkwerkzeug

Tony Buzan setzte sich mit den Denksystemen der Antike und der Renaissance auseinander und erkannte, dass diese auf Fantasie und Assoziationen beruhten. Große Denker wie Leonardo da Vinci machten völlig andere Notizen, als Buzan sie aus der Universität gewohnt war. Sie arbeiteten mit Bildern, Codes und Verbindungslinien. Ihre Aufzeichnungen lebten! Buzans angestrebte Lösung war ein Denkwerkzeug, das auf „der natürlichen Funktionsweise des menschlichen Gehirns" basierte, das „die Abläufe der Natur und der natürlichen Arbeitsprozesse widerspiegelte".

Mind Mapping nutzt die Kraft der Bilder

Buzan erkannte die Kraft der Bilder. Grafische Zeichen wie Piktogramme oder Logogramme bilden den Ursprung unserer heutigen Alphabete. Piktogramme sind meist vereinfachte Bilder von Gegenständen, etwa Hinweise auf Toiletten oder Notausgänge an Bahnhöfen und Flughäfen. Logogramme sind bildliche Symbole für Dinge oder Eigenschaften, die sich nur schwer zeichnen lassen, wie z. B. „nass" oder „Stopp". Das PC-Betriebssystem Windows oder Verkehrszeichen belegen den Nutzen und die Effizienz von Bildern und Symbolen. Sie werden weltweit verstanden, unabhängig von einer bestimmten Sprache oder Kultur.

Nach intensiver Beschäftigung mit lern- und gedächtnispsychologischen Fragen entwickelte Tony Buzan Mind Maps als Methode, Wissen aufzuzeichnen und sich – möglichst vollständig – daran zu erinnern.

■ *Mind Maps sind Landkarten des Geistes: der Gedanken und des Gedächtnisses. Die sichtbare Map spiegelt die assoziativen Verknüpfungen in Ihrem Gehirn.* ■

Heute gibt es weltweit etwa 280 von Tony Buzan oder einem Buzan-Zentrum autorisierte Mind-Map-Trainer – zwei davon in der Bundesrepublik. Mind Mapping ist eine auf allen Erdteilen und in den unterschiedlichsten Sprachen angewandte Methode.

Das Modell der zwei Gehirnhälften

Parallel zu Tony Buzans Arbeiten gewann die neurophysiologische Forschung in den 60er-Jahren neue Erkenntnisse, die die Mind-Map-Entwicklung beeinflussten. Der spätere Nobelpreisträger Roger Sperry erkannte damals, dass die beiden Gehirnhälften des Menschen unterschiedliche Funktionen wahrnehmen:

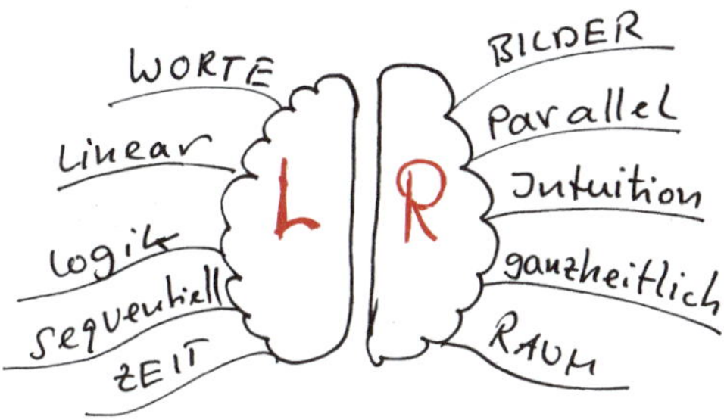

Aus der Grafik lässt sich unschwer erkennen, dass klassische Notizen vor allem die Fähigkeiten der linken Gehirnhälfte fordern, während die rechte sich möglicherweise langweilt. Da Mind Maps nun ganz bewusst auch Bilder, Farben und Symbole integrieren, kann man von einer gehirngerechten, einer „ganzhirnigen" Methode sprechen.

Übung: „Konflikt im Gehirn"

Sie können mit einer kleinen Übung testen, wie sich ein „Konflikt" bei der Informationsverarbeitung im Gehirn anfühlt: Schreiben Sie auf ein Blatt Papier mehrere Farbbezeichnungen – jeweils in einer anderen Farbe als der genannten. Beispielsweise schreiben Sie das Wort „Rot" in grüner Farbe, das Wort „Gelb" in Blau usw., bis Sie einige Zeilen angelegt haben:

ROT BLAU GRÜN GELB SCHWARZ BLAU GRÜN ...

In einem ersten Schritt lesen Sie die Wörter ganz normal (= linke Gehirnhälfte). Im zweiten Schritt sprechen Sie die Farbe aus, in der das Wort geschrieben ist. Meist dauert das länger und erfordert mehr Aufmerksamkeit, da die farbliche Wahrnehmung der rechten Hirnhälfte in die nicht aufgeschriebenen Worte der linken Seite übersetzt werden muss. In der kleinen Denkpause, bis Sie im zweiten Schritt das Wort aussprechen können, findet die Kommunikation Ihrer beiden Hirnhälften statt. Es fühlt sich ein bisschen an wie ein „Knoten im Kopf", oder?

Am besten denkt es sich mit dem „ganzen Hirn"

Wer beide Gehirnhälften nutzt, lernt effektiver und leistet geistig mehr. Früher hatte man solch herausragende Leistungen, wie sie z. B. Leonardo da Vinci vollbrachte, allein seiner Genialität zugeschrieben. Heute würde man sagen, dass er in natürlicher, jedoch vollendeter Weise beide Hirnhälften nutzte. Wenn also das anatomische Potenzial vorhanden ist, sollte es, bei entsprechendem Training, jedem möglich sein, kreativer und ideenreicher zu werden. Mind Mapping hilft, das Gehirn besser zu nutzen, indem es

- Informationen verbindet,
- Zusammenhänge darstellt,
- Gedanken visualisiert.

Beispiel

Rudolf Lohse nimmt immer zehn Minuten vor Geschäftsschluss seinen Palm zur Hand und aktualisiert seine Aufgabenplanung und die Terminverwaltung. Er beschließt den Arbeitstag mit einem Blick auf das Erledigte und die weiterhin offenen To-dos. Er schaut auf die Abendtermine und plant den nächsten Arbeitstag, indem er seine Aufgaben und Termine in die Tagestabelle einträgt. Nachdem er weiß, was ihn am Abend und am nächsten Tag erwartet, geht er zufrieden nach Hause.

Gerd Rehder lehnt sich kurz vor Feierabend in seinem Bürostuhl zurück, schließt die Augen, atmet tief durch und spürt nach, was er an diesem Tag alles erledigt hat. Er freut sich über all die gelungenen Aufgaben. Er stellt sich seine Projekte vor und versucht zu erkennen, wo noch Dinge zu erledigen sind, wo etwas noch nicht ganz rund ist. Er macht sich kurze Notizen für den nächsten Tag. Dann stellt er sich vor, wie er den Abend mit seiner Familie verbringt. Er kommt zu dem Schluss, dass er für seine Frau und die Kinder noch ein, zwei Dinge besorgen sollte. Gut gelaunt öffnet er die Augen und geht beschwingt nach Hause.

Zwei Arten, sich mit seiner Tagesplanung zu beschäftigen: einmal mit dem Schwerpunkt auf den „linkshirnigen" Möglichkeiten, das andere Mal mit dem Fokus auf der rechten Gehirnhälfte. Um bestmögliche Ergebnisse zu erreichen, sollten wir möglichst viele mentale Fähigkeiten einsetzen und uns nicht auf eine, meistens die logische, linke Hirnhälfte beschränken. Hier hilft Mind Mapping. Visualisieren Sie doch einmal Ihren Tagesplan, nachdem Sie ihn notiert haben.

So erstellen Sie eine Mind Map

1 Beginnen Sie eine Mind Map in der Mitte des quer liegenden Blattes (nicht zu klein, A4/A3 für den Anfang) mit einem mehrfarbigen Zentralbild, das Ihr Thema darstellt, evtl. ergänzt um ein Stichwort. Verzichten Sie nicht auf ein Bild oder Symbol, auch wenn Sie Ihre zeichnerischen Fähigkeiten nicht groß einschätzen. Ihr Gehirn wird es Ihnen danken und Sie verstehen.

Zentralbild Jahresplan

2 Ziehen Sie Linien vom Zentralbild in Richtung der Blattecken, auf die Sie Schlüsselwörter schreiben, am besten Nomen oder Verben. Ein Schlüsselwort repräsentiert einen Gedanken oder Sachverhalt. Achten Sie auf Wörter, bei denen Ihnen das damit verbundene Wissen, Ihre Bilder, Gedankenketten oder Gefühle wieder einfallen.

3 Von den Hauptästen mit den Schlüsselbegriffen ziehen Sie weitere Linien mit Unterbegriffen. Variieren Sie die Dicke und Farbe der Linien, die nur so lang wie das dazugehörige Wort sein sollen, und schreiben Sie nur ein Wort pro Linie.

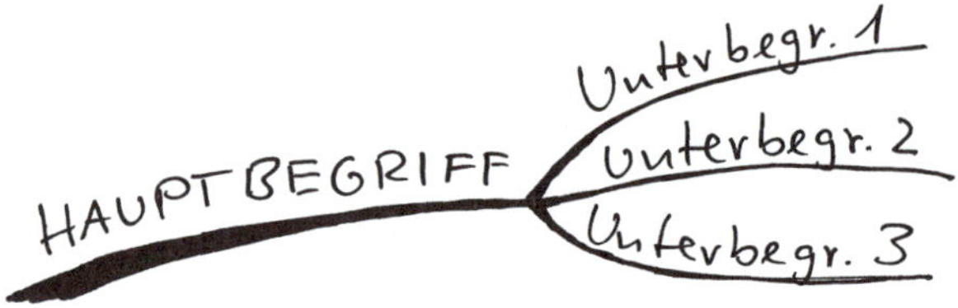

Hauptbegriff/Unterbegriff

4 Schreiben Sie in Druckbuchstaben, auf den Hauptästen in Großschrift. Variieren Sie mit Groß- und Kleinschrift, mit der Art Ihrer Schrift. Schaffen Sie Abwechslung und Betonung.

5 Arbeiten Sie mit Farben, Bildern, Symbolen in unterschiedlichen Formen und Größen. Nutzen Sie z. B. Pfeile für Verbindungen. Wolken und Hintergrundfarben zur Hervorhebung. Drücken Sie Adjektive und Adverbien in Symbolen aus, z. B. „+" für „gut", eine Blume für „schön", ein Rennwagen für „schnell", Pfeile für „mehr" oder „besser", Smilies für Stimmungen. Etwas, das Sie nicht wollen (Verneinung), streichen Sie lesbar durch (Eingangsbeispiel, Seite 11, Galerie, Seiten 121 und 125).

Symbole

6 Bei sehr umfassenden Mind Maps sollten Sie erst assoziieren, dann strukturieren. Schreiben Sie zuerst alles auf, was Ihnen in den Sinn kommt. Erst danach analysieren Sie das Ganze. Dabei achten Sie auf Hierarchien und Kategorien. Sie fassen zusammen und ordnen eventuell neu.

7 Lassen Sie Ihr Papier möglichst im Querformat vor sich liegen und biegen Sie die Äste, um das Blatt zu füllen. Das gelingt Ihnen recht leicht, wenn Sie Ihre Äste in Richtung der Blattecken ausrichten. Wenn Sie das Papier drehen (um besser schreiben zu können), ergeben sich Äste, deren Worte beim späteren Betrachten auf dem Kopf stehen und schwer zu lesen sind. Dies ist ungünstig für einen raschen Überblick.

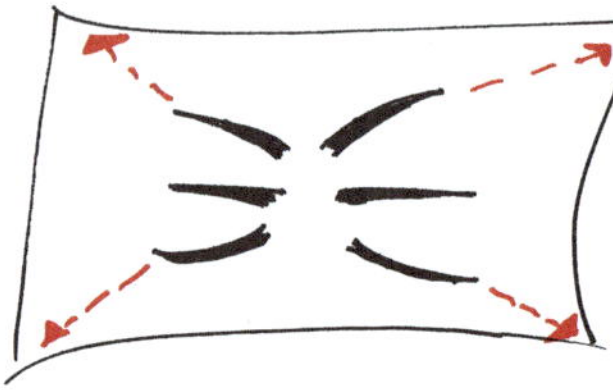

Ecken anpeilen

Eine Anleitung in Mind-Map-Form finden Sie in der Galerie auf Seite 113.

Daran schließt sich das Beispiel einer Mind-Map-Entwicklung an (Seiten 114 f.). Nach der Ideensammlung in den Bildern 1 und 2 werden in Stufe 3 eine Farbkodierung (rot = Gefühle, grün = Natur) und verstärkt Symbole eingeführt. Neue Oberbegriffe und eine dadurch veränderte Struktur kennzeichnen die Entwicklung von Bild 3 zu Bild 4.

■ *Das Wesentliche steht nicht in der Anleitung ... Denn die Anleitung beschreibt nur Äußerlichkeiten. Sie beschreibt in der Hauptsache, wie die Map aussehen soll und wie sie gestaltet wird. Das Wesentliche beim Mind Mapping ist jedoch der Denkprozess, der hinter jeder Map steht!* ■

Beispiel

Beate Berger wurde in den Betriebsrat gewählt. In der ersten Sitzung des neuen Betriebsrates sollen sich alle Mitglieder kurz vorstellen. Beate beschließt, in einer Mind Map ihre wichtigen Punkte zu notieren. Da ihr Vater lange Betriebsratsvorsitzender war, möchte sie auf die Tradition ihrer Familie eingehen. Beate ist sich nun unsicher: Schreibe ich einen Ast für „Familie“, den ich in „Herkunftsfamilie“ und „meine eigene Familie“ unterteile? Bilde ich einen Ast für meine Eltern und einen weiteren für meine Familie? Setze ich meinen Vater als Hauptast oder könnte der Ast auch

„Tradition" heißen? Wenn der Ast „Tradition" heißt, könnte ich auch meinen Onkel und meinen Sohn erwähnen, die in anderen Firmen Vertrauensleute sind.

Eine Mind Map erstellen heißt, Schlüsselwörter in Ober- und Unterbegriffe zu klassifizieren. Dieser Prozess fordert von Ihnen Entscheidungen:

- In welche Hauptaspekte unterteile ich das Thema?
- Welche Begriffe hängen voneinander ab?
- Was ist mir wichtig, wichtiger als anderes?

Dass wir uns richtig verstehen: Diese Entscheidung müssen Sie *nicht* treffen, bevor Sie mit der Mind Map beginnen. Sie können bei einer Mind Map immer sofort anfangen. Das ist einer der Vorteile des Mind Mapping. Strukturen ergeben sich, sowie die Informationen in Ihrem Kopf vorhanden sind. Die Methode regt Sie an, über Ihr Thema nachzudenken gerade dadurch, dass Sie mappen!

Die ersten Schritte

Beginnen Sie einfach – und einfach. Wenn Sie gleich zu Beginn Ihrer Anwendung Mind Mapping für ein großes Projekt, einen wichtigen Vortrag oder einen komplexen wissenschaftlichen Text einsetzen wollen, seien Sie sich bewusst, dass Sie zwei Baustellen bearbeiten: die inhaltliche und die methodische! Das kann zu Überforderung, Enttäuschung und schlechten Ergebnissen führen.

Daher meine Empfehlung: Starten Sie langsam, steigern Sie den Schwierigkeitsgrad, aber bleiben Sie kontinuierlich am Ball. Hier einige Vorschläge zum Transfer des Gelesenen in Ihrem beruflichen und privaten Alltag. Nutzen Sie eine erste Mind Map,

- um erste Ideen zu einer Aufgabe oder einem Vorhaben zu sammeln,
- um sich auf ein Telefongespräch vorzubereiten, indem Sie Ihr Ziel, Ihre Argumente sowie Informationen zu Ihrem Gesprächspartner erfassen,
- um wichtige Telefonate mitzuschreiben, indem Sie Einzelheiten, Ergebnisse und sich eventuell ergebende To-dos aufzeichnen,
- um Ihre To-dos für die kommende Woche nach Aufgaben und Prioritäten zu strukturieren (Beispiel in der Galerie auf Seite 125),
- zur Wochenendplanung mit Familie oder Freunden, entweder in Form einer Planungsmap oder einer Ideensammlung,
- für Ihre Beiträge in der nächsten Besprechung, indem Sie die Tagesordnungspunkte als Hauptäste nehmen und Ihre Aussagen und Beiträge als Unteräste anfügen,
- um Ihre Ziele mit den sich daraus ergebenen Handlungen für einen bestimmten Zeitraum aufzuzeichnen,
- um einmal zu testen: Was weiß ich zum Thema yxz?"

So funktioniert Mind Mapping

Mind Mapping nimmt Ihnen das Denken nicht ab – aber es erleichtert es. Üben Sie sich in der Technik, mit Farben und Symbolen Ihre Gedanken zu ordnen.

Üben Sie die Grundtechniken ein

Sie sind klüger, als Sie denken, und kreativer, als Sie es je für möglich gehalten hätten. Mind Mapping kann helfen, Ihr verborgenes Potenzial zu entdecken.

Joyce Wycoff

Schreiben Sie auf jeden Ast nur ein Wort

In der Mind-Map-Anleitung im Eingangskapitel haben Sie gelesen, dass Sie für die Mind Map Schlüsselwörter verwenden sollten. Das Schlüsselwort gleicht einem Schlüssel, der z. B. eine Schublade öffnet. Es ist gleichermaßen der Schlüssel und die Beschriftung der Schublade. Über das Schlüsselwort erinnern Sie sich an weitere Sachverhalte oder an Details – eben an die Inhalte Ihrer Schublade.

Bei einer Mind Map notieren Sie nun nur *ein* Schlüsselwort auf einem Ast. Das erhöht die Prägnanz der Map und ihre Einprägsamkeit. Dabei werden manche Sachverhalte als selbstverständlich im Schlüsselbegriff enthalten vorausgesetzt. Andere Informationen werden in Symbolen ausgedrückt.

Nutzen Sie Ihre „Gedankenfreiheit"

Ein einzelnes Schlüsselwort lässt Ihnen mehr gedankliche Freiheit als Wortgruppen oder Sätze und unterstützt so Ihre Assoziationskraft.

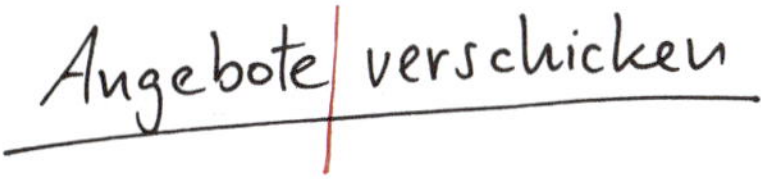

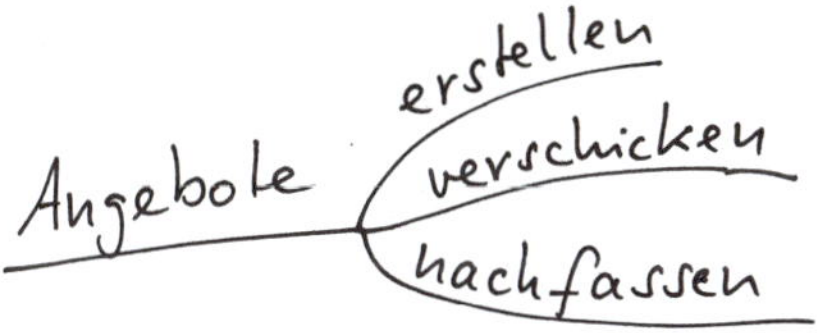

Assoziationsketten bilden

Zu den einzelnen Begriffen können Sie ganz leicht weiterassoziieren, beim „Erstellen" z. B. Äste für „Preise", „Qualität" oder „Termine" einfügen.

Bei der prägnanten Beschriftung der Äste müssen Sie zuweilen gegen die grammatische Reihenfolge verstoßen. Das ist zunächst gewöhnungsbedürftig, fällt Ihnen aber leichter, wenn sich das Denken erst einmal darauf eingestellt hat:

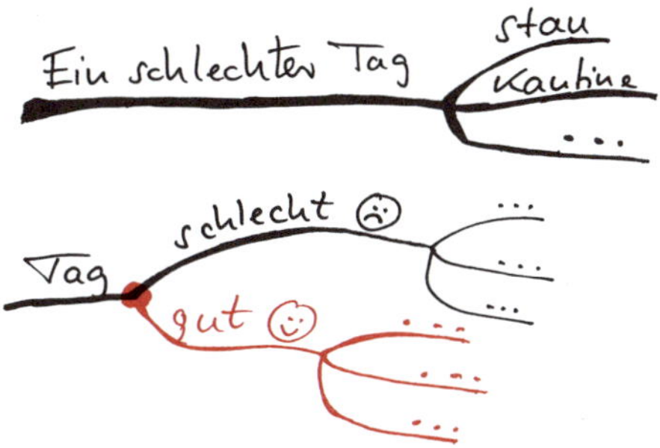

Grammatik durchbrechen

Die wesentliche Herausforderung liegt darin, dass Sie, das was Sie notieren wollen, in einem Wort ausdrücken sollen. Das ist nicht immer einfach und fordert bisweilen einige Denkarbeit. Aber gerade hier wird das Denkwerkzeug Mind Mapping sichtbar und spürbar. Es fordert Klarheit und Präzision. Sie müssen sich gedanklich mit einem Thema auseinander setzen, bevor Sie dazu eine Mind Map entwickeln können.

In einer Mind Map bringen Sie Inhalte gedanklich auf den Punkt. Dieses Werkzeug fordert und fördert somit genaues und strukturiertes Denken.

Trennen Sie Zusammensetzungen sinnvoll

Zusammengesetzte Wörter können Sie sinnvoll folgendermaßen verwenden:

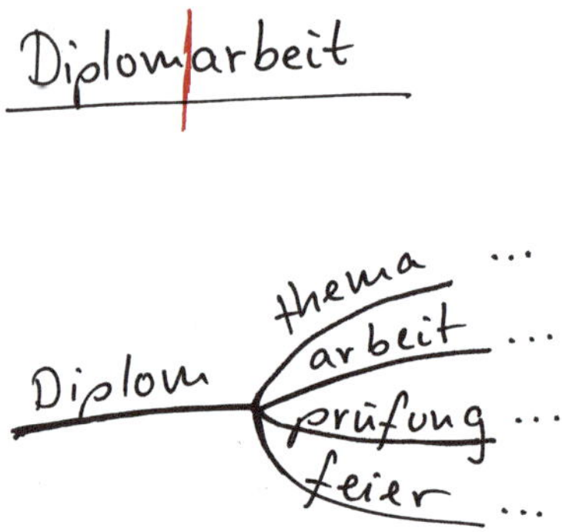

Komposita trennen

Sie erkennen, welche Möglichkeiten das einfache Trennen eines zusammengesetzten Begriffes freisetzt.

Durch das Aufsplitten der Begriffe wächst eine Mind Map. Immer neue Informationen und Aspekte kommen hinzu, bis Sie einen umfassenden und fundierten Überblick haben. Deshalb berichten viele Nutzer auch, dass sie deutlich weniger vergessen dadurch, dass sie Mind Mapping anwenden.

Ein einzelnes Wort kann viele Verbindungen und Assoziationen auslösen. Mit der Zeit werden Sie durch Überlegung und Gefühl die passenden Schlüsselwörter finden.

Vermeiden Sie Wiederholungen

Viele Wiederholungen fallen allein schon dadurch weg, dass Sie sich auf ein Wort konzentrieren. Prüfen Sie bei zusammengesetzten Wörtern, ob nicht ein Teil entfernt werden kann. Denken Sie die Sachverhalte zu Ende – und Sie brauchen weniger Worte.

Reduzieren Sie so weit wie möglich, vertrauen Sie sich, aktivieren Sie Ihre mentalen Möglichkeiten. Sie wissen doch, um was es geht. Sie müssen in einer Mind Map nicht alles notieren, um es schwarz auf weiß nach Hause zu tragen ...

Eine Map wird von innen nach außen gelesen. Haben Sie den Mut, übergeordnete Begriffe auf Unterzweigen nicht mehr zu notieren, wie die folgenden Maps zeigen.

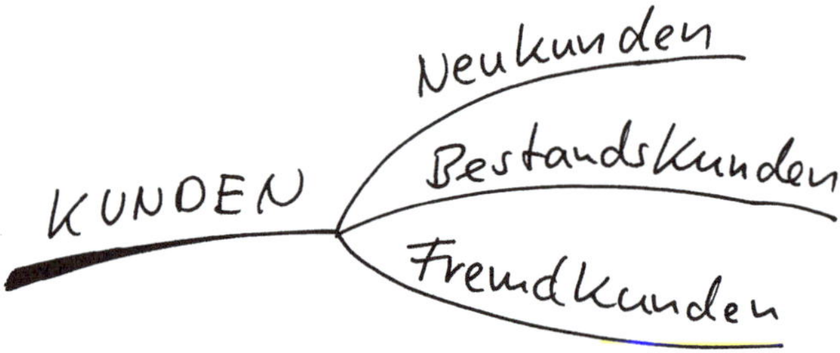

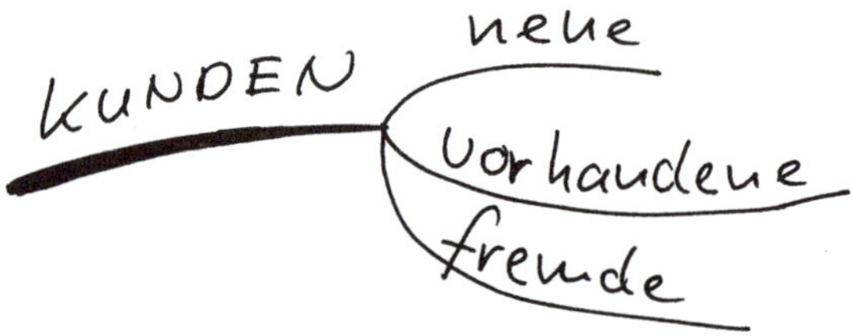

Oberbegriffe auf Unterzweigen weglassen

Wiederholungen durch Kodierung ausdrücken

Beispiel
Als Franz Müller für sich einen Jahresplan erstellen will, steht er vor folgendem Problem: Entweder wiederholen sich die Lebensbereiche (privat, beruflich ...) oder die Planungsbegriffe (Ziele, Projekte ...).

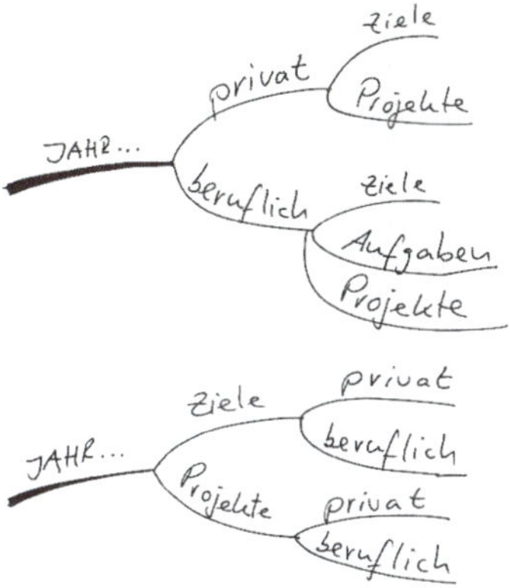

Wiederholungen

Bei solchen Wiederholungen empfiehlt es sich, eine Oberbegriffsgruppe mit Symbolen oder Farben zu kodieren. Nutzen Sie Symbole für den privaten und den beruflichen Bereich und kodieren Sie so Ihre Nennungen auf den Unterzweigen der verbliebenen Bereiche (Ziele, Projekte).

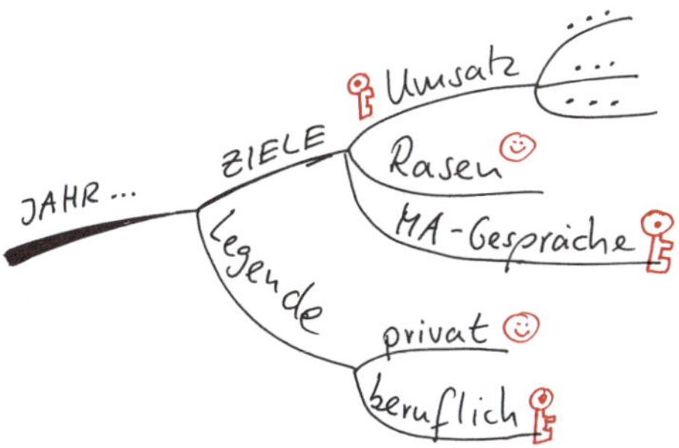

Kodierungen

Ihre Mind Map wird übersichtlicher, Sie erhöhen die Klarheit und den Nutzen der Map. Solche Kodierungen können Sie in Ihre Büroorganisation übernehmen. Versehen Sie Ihre Hängeregistratur oder Ihre Ordner mit den Symbolen, die Sie in der Map für bestimmte Aufgaben und Projekte verwenden.

Inhaltlich sinnvolle Wiederholungen erkennen

Beispiel
Gerda Krause erstellt eine Map zur Mitarbeiterführung. Sie sammelt Ideen zu ihrem Thema und stellt fest, dass auf verschiedenen Zweigen und auf unterschiedlichen Ebenen der Begriff „Kommunikation" vorkommt. Dies zeigt ihr, dass Kommunikation wohl eine wichtige Komponente der Mitarbeiterführung ist. Sie kann nun diese Mehrfachnennungen hervorheben oder eine eigene Map zu diesem wesentlichen Thema entwickeln.

Dies ist der inhaltliche Aspekt von Wiederholungen: Aus unterschiedlichen Denkrichtungen (Hauptästen) kommen Sie zu wiederkehrenden Begriffen. Gratulieren Sie sich, Sie haben wichtige Aspekte des Themas visualisiert. Diese Wiederholungen haben eine ganz andere Qualität als die zuvor beschriebenen gedankenlosen Wiederholungen.

▪ *Wichtige, wiederkehrende Begriffe werden in einer Mind Map mit Wölkchen bzw. Textmarker hervorgehoben. Bisweilen kann es interessant sein, einen solchen Begriff als Thema einer neuen Map zu wählen, um dem Themenkomplex eine weitere Perspektive hinzuzufügen.* ▪

Gliedern Sie mit signifikanten Hauptästen

Beispiel

Heiner Böhm notiert für eine wichtige Präsentation folgende Schlüsselbegriffe: Einleitung, Argumente, Fazit, Beispiele, Stil, Schluss, Appell, Fakten. Dazu schreibt er zügig seine Assoziationen und Gedanken auf. Als die Materialsammlung, sein eigenes Brainwriting, abgeschlossen ist, überlegt er, in welcher Reihenfolge er seine Argumente vorträgt, welche Beispiele zu welchen Argumenten passen und wann welcher Stil angebracht ist. Mit diesen Erkenntnissen erstellt er eine zweite Map, mit der er den Vortrag halten will. Außer den Begriffen Fazit und Appell erscheint keiner der alten Hauptäste mehr in der zweiten Map. In dieser Map stehen nun die wichtigen Argumente oder Themen als Schlüsselbegriffe auf den Hauptästen.
Eine Viertelstunde vor der Präsentation schaut Heiner Böhm auf seine Vortragsmap: Sofort springen ihm die fünf Hauptäste ins Auge: „Ja, die Themen sind klar, der Aufbau passend." Er überfliegt die Unteräste: „Stimmig! – Ich bin sehr gut vorbereitet."

Dieses „Ins-Auge-Springen", das schnelle Erfassen und die gute Einprägsamkeit des Themas mit Hilfe der Hauptäste ist ein großer Vorteil von Mind Maps. Durch die kreisförmige Anordnung und das Querformat können Sie den Inhalt leichter überblicken und schneller erfassen als bei üblichen, linearen Inhaltsverzeichnissen. Hilfreich ist es, wenn Sie auf den Hauptästen wesentliche Schlüsselwörter, signifikante Begriffe notieren.

Experimentieren Sie

Erweitern Sie das Zentralbild

Sie haben im ersten Kapitel (Seite 21) erfahren, dass das Thema der Mind Map mit einem Bild oder Symbol in der Mitte der Map visualisiert wird. Diese Regel gilt dann, wenn Ihnen keine weiteren grafischen Elemente zur Verfügung stehen. Sollten Sie aber grafisches Material haben oder ein Thema, das sich besonders gut visualisieren lässt, dann nutzen Sie diese Möglichkeiten.

Grafische Elemente ins Zentralbild aufnehmen

Sie können, je nach Beruf, Folgendes in Ihre Map integrieren:

- Explorationszeichnungen von Werkstücken,
- Ausschnitte aus Landkarten oder Stadtplänen,
- Grundrisse oder Schnitte von Gebäuden,
- EEG-Kurven oder chromatographische Plots,
- technische Symbole,
- Diagramme, Fließschemata, Organigramme.

Eine solche Zeichnung oder ein Diagramm darf natürlich auch größer sein und kann einen wesentlichen Bereich der Map bedecken. Beginnen Sie mit den Ästen an der passenden Stelle der Grafik. Schauen Sie sich dazu das Beispiel einer Map über ein Fräswerkzeug in der Mind-Map-Galerie auf Seite 117 an.

Wochentage integrieren

Um bei Planungsmaps eine zeitliche Zuordnung zu erreichen und dennoch signifikante Hauptäste zu bekommen, können Sie die Wochentage in das Zentralbild integrieren. Schauen Sie sich das am Thema „Herbstferien" an:

Zeitliche Zuordnung integrieren

Variieren Sie Ihr Thema

Als meine Kinder noch klein waren, hatten wir ein Kinderbuch, das von einer Mäusefamilie handelte, die im Kuhstall lebte. Jede Maus sah aus anderer Perspektive auf die Kuh. Für die eine war sie riesig und stand auf langen Stäben, für eine andere war sie breit und flach. Wieder eine andere empfand sie als Ungeheuer mit einem großen Schlund und großen Augen, die nächste hielt sie für sehr unruhig, weil sie immer hin und her pendelte und um sich schlug ...

Einen Sachverhalt aus mehreren Perspektiven darstellen

Ein Sachverhalt – verschiedene Perspektiven. Dieses Phänomen kann Ihnen beim Mind Mapping ebenfalls begegnen.

Beispiel

Hugo Unger will sich anhand einer Map einen Überblick über seine Mitarbeiter verschaffen. Der Anfang fällt ihm schwer. Nimmt er „Personal" als Thema, entstehen andere Hauptäste, als wenn er „Mitarbeiter" nimmt ... Oder sollte er die Map doch besser „Mitarbeiterführung" nennen?"

Ihr Thema, Ihre Hauptäste bestimmen, welche Begriffe und Assoziationen Sie finden. Dies mag eine Herausforderung sein, ist aber auch eine Chance, ein Thema umfassender zu beleuchten. Sie können unterschiedlichste Aspekte in den Fokus stellen. Nutzen Sie diese Möglichkeiten, indem Sie z. B. einen Haupt- oder Nebenast einer Map zum Thema der nächsten Map machen.

Einer meiner Seminarteilnehmer nutzt die Technik der Alphabetlisten von Vera F. Birkenbihl, um ganz vielfältige Ideen für seine Hauptäste zu bekommen. Versuchen Sie es: Lassen Sie sich zu einem Thema für jeden Buchstaben des Alphabets einen oder mehrere Begriffe einfallen.

Assoziationen am Beispiel „Mitarbeiter"

	Assoziation
A	Anzahl, Auto, Ausland
B	Berufe, Beerdigung, Bedarf
C	Clever, Corporate Identity
D	Diplome, Dosenbier
E	Einkommen, Einkauf
F	...

Bei dieser Vorgehensweise sind Sie nicht ganz so fest auf das Thema fokussiert, als wenn Sie die Hauptäste direkt aus der Map heraus entwickeln. Gleichzeitig stehen Sie unter dem Druck, zu jedem Buchstaben ein Wort zu finden, was Sie zu ungewohnten Kombinationen führen kann.

Kombinieren Sie Informationen

Verbinden Sie unterschiedliche Aspekte in einer Map

Beispiel

Franz May plant eine Präsentation für die Geschäftsleitung. Die Präsentation ist wesentlich für die Bewilligung eines größeren Investitionsetats. Neben den inhaltlichen Aspekten legt Franz May einen Ast „Organisation“ und einen Ast „Ziele“ an.

Unter „Organisation“ erfasst er alles, was zur Durchführung des Vortrags nötig ist. In Verbindung mit den inhaltlichen Ästen kann er prüfen, ob alle Fakten, die er von seinen Teammitgliedern braucht, auch rechtzeitig eintreffen. Er kann so Engpässe vermeiden.

Der Ast „Ziel(e)“, auf dem er seine Absichten und den Zweck der Präsentation visualisiert, hilft ihm zu prüfen, dass alle seine inhaltlichen Aussagen auch dem Präsentationsziel dienen. Dadurch wird sein Vortrag zielgerichteter und aussagekräftiger.

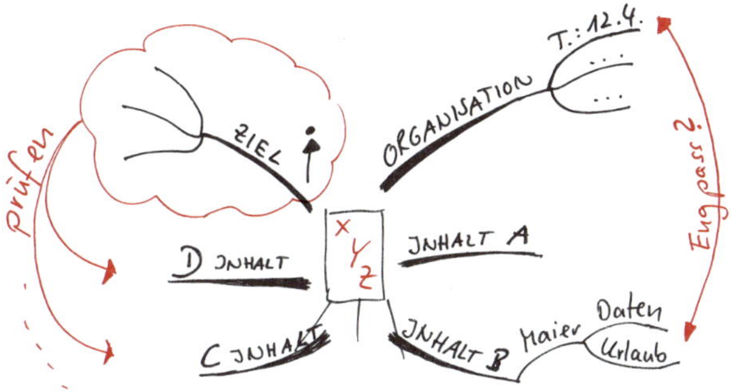

Vortragsvorbereitung

Das Beispiel zeigt, wie das Zusammenführen unterschiedlichster Informationen zu neuen Einsichten und mehr Klarheit führen kann. Sie unterstützen Ihre Kreativität und nutzen Ihre Assoziationsfähigkeit und schaffen möglicherweise neue Verbindungen oder erkennen Schwachstellen. Mind Maps sind ein ideales Werkzeug, um alle Aspekte eines Themas in einer Darstellung zu vereinen und so einen Überblick zu erhalten, Verbindungen zu erkennen oder neue Assoziationen zu finden.

Trennen Sie unterschiedliche Informationen

Wenn Sie Informationen zusammenstellen und weitergeben, dann ist es die Kombination unterschiedlichster Fakten, die zu interessanten Ergebnissen führt. Sind Sie jedoch der Empfänger von Informationen, ist es für Ihre eigene Organisation und Ihren Überblick sinnvoll, die eingehenden Daten und Nachrichten zu klassifizieren und zu kanalisieren. Auch dabei sind Mind Maps hilfreiche Werkzeuge.

Beispiel

Die wöchentliche Gruppenbesprechung protokolliert Michael Keller mit einer Mind Map. Dabei hat er sich angewöhnt, alle Tätigkeiten und Ideen, die sich aus der Besprechung für ihn ergeben, auf je einem Ast zu sammeln. Es sind die im Uhrzeigersinn letzten beiden Äste links oben, die er zuerst anlegt. Die Tagesordnungspunkte erhalten alle einen eigenen Ast. Alles, was er tun soll, wird jedoch auf dem speziellen obersten linken Ast notiert.

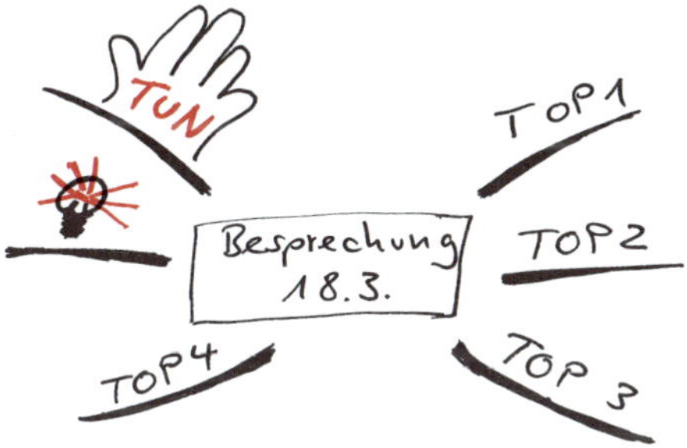

Teambesprechung

Setzen Sie Bilder und Symbole ein

Viele Symbole oder grafische Instrumente nutzen Sie unmittelbar beim Notieren der Schlüsselbegriffe. Zusätzliche Sachverhalte oder Bewertungen können aber auch erst in einem zweiten Arbeitsschritt in eine Mind Map einfügt werden.

Nachträglich Kodierungen einfügen

Erinnern Sie sich an das Herbstferienbeispiel auf Seite 37. Bei den in der Mitte angeordneten Wochentagen beginnen die Hauptäste. Bauen Sie eine Map in dieser Weise auf, gehen Sie zeitlich chronologisch vor. Alternativ dazu könnten Sie auch zunächst eine Ideensammlung anlegen und dann in einem zweiten Schritt entscheiden, wann Sie was tun wollen. Dazu müssen Sie keine neue Map zeichnen, sondern können die einzelnen Wochentage, durch Symbole kodiert, an jeden Ast malen. Äste ohne Symbol sind verbleibende offene Ideen.

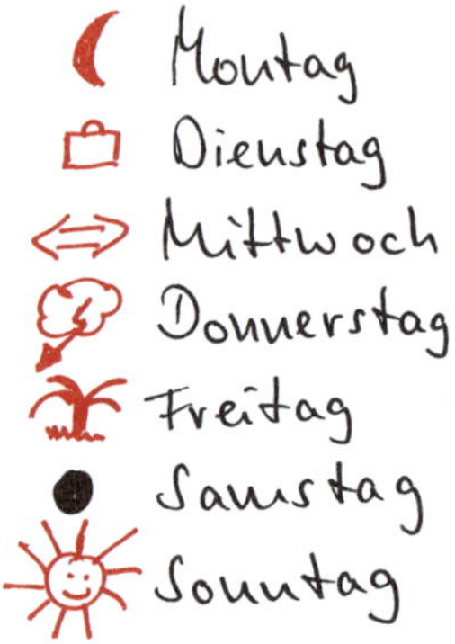

Kodierung der Wochentage

Übrigens: Das Samstagssymbol ist ein blauer Punkt. Dazu hat mich das Kinderbuch von Paul Maar inspiriert: Am Samstag kommt das Sams mit seinen blauen Wunschpunkten. Sie sehen: Mind Mapping ist für Anregungen aus den unterschiedlichsten Bereichen offen.

In der Galerie auf Seite 118 finden Sie die Übersichtsmap eines Arbeitsplatzes. Die Balkendiagramme an den Ästen wurden ebenfalls nach dem Anlegen der Map eingefügt. Sie symbolisieren den Anteil an der Gesamtarbeitszeit (rot) und die Arbeitsfreude bzw. Motivation für den entsprechenden Bereich (grün). Da die Arbeit umso erfolgreicher ist, je mehr man im Bereich seiner Stärken und mit Freude arbeitet, diente diese Map zur Bestandsaufnahme. Ziel war es, herauszufinden, wo die größte berufliche Erfüllung mit welchem Zeitaufwand erreicht wird.

In gleicher Weise können Sie, wenn Sie eine Entscheidung treffen müssen, die einzelnen Aspekte mit einer unterschiedlichen Anzahl an Plus- und Minuszeichen versehen. Um zur Entscheidung zu kommen, müssen Sie dann nur noch die vergebenen Bewertungen zusammenzählen.

▪ *Mit Symbolen können Sie nachträglich Bewertungen oder Prioritäten in Ihre Map einfügen – oder eine Gliederung erstellen.* ▪

Vorbehalte gegenüber Grafik

Trotz der Verbreitung von PowerPoint haben viele Menschen keinen wirklichen Bezug zu grafischen Darstellungen. Immer wieder wurden (und werden) stark bebilderte, farbige Maps als unprofessionell abgewertet. Wurde das Computerbetriebssystem Windows schon einmal wegen seiner grafischen Oberfläche als unprofessionell be- oder verurteilt? Warum sind Firmenlogos so wichtig? Weil ein Bild mehr sagt als 1000 Worte. Marketingfachleute wissen, wie wichtig Bilder sind. Bilder oder Symbole werden in Bruchteilen von Sekunden von unserem Gehirn wahrgenommen. Das Bild, das Symbol kam vor der Sprache. Menschen haben schon immer visuelle, grafische Hilfsmittel entwickelt und angewendet, um sich beim Denken, Aufzeichnen, Erinnern und Arbeiten zu unterstützen. Stellen Sie sich einmal den Straßenverkehr mit reinen Textschildern vor! Seien Sie mutig beim Mappen. Lassen Sie Ergebnisse und nicht Meinungen entscheiden.

Lernen Sie Varianten und Spielarten kennen

Mind Mapping entwickelt sich weiter

Auch Mind Mapping verändert sich. In den ersten Mind-Map-Büchern wird noch empfohlen, um das Zentralbild einen Kreis oder eine Wolke zu malen und alle Schlüsselwörter in Großbuchstaben zu notieren. Beides gilt heute als nicht mehr zeitgemäß. Das Thema wird nicht mehr umrandet, weil jede Umrandung als Grenze empfunden werden kann. Um das freie Assoziieren zu fördern, wird heute der direkte Übergang vom Thema zum Hauptast empfohlen. Die durchgehende Großschrift wirkt monoton, was Mind Mapping gerade verhindern will. Daher variiert man in aktuellen Maps auch das Schriftbild.

Vielfältig: Mind-Map-Varianten

So vielfältig wie die Anwendungen, so unterschiedlich ist auch das Aussehen von Mind Maps. Tony Buzan unterscheidet, je nach Umfang oder Anwendung, folgende Mind-Map-Typen:

- Standard-Maps: Sie stellen das weite Feld klassischer Mind Maps dar. Sie dienen zur Aufnahme von Wissen, zum Erfassen von Ideen und zur Erkundung der eigenen Persönlichkeit.
- Speed- oder Blitz-Maps: Solche schnellen Mind Maps sollen mentale Prozesse anregen: Was weiß ich zu diesem

Thema? Was will ich in der Besprechung sagen? Eine Speed-Map wären z. B. Ihre knappen, einfarbigen Notizen kurz vor einer Besprechung.

- Master-Maps: Dies sind sehr umfangreiche Maps über ein ganzes Wissensgebiet, z. B. den Stoff eines Semesters an der Universität. Oft werden Master-Mind-Maps kontinuierlich erstellt und dienen dem Gesamtüberblick.
- Mega-Maps: Miteinander verknüpfte Maps heißen Mega-Maps. Eine zentrale Map mit relativ wenigen Ebenen ist mit weiteren Maps verbunden, in denen die Details oder ergänzende Aspekte dargestellt werden. Auf Seite 124 in der Galerie finden Sie die Skizze einer Mega-Mind-Map zum Thema Jahresplanung.

Spielarten

Als Mind-Map-Variationen finden sich Strukturen, die die eindeutigen Knoten und Verzweigungspunkte aufheben, die eine Mind Map normalerweise auszeichnen.

Fischgrätdiagramm

Diese Variante ist vor allem durch strahlenförmige, gerade Linien gekennzeichnet. Dabei leidet teilweise die Lesbarkeit wegen senkrechter oder auf dem Kopf stehender Worte.

Heugabel

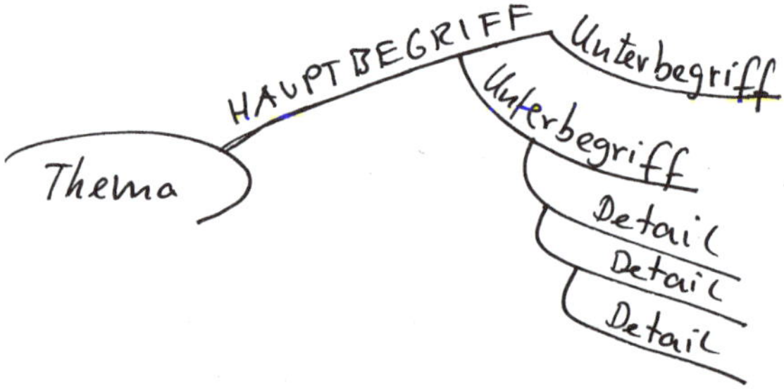

Heugabelmuster entstehen, wenn Äste, statt von einem Knoten ausgehend, untereinander etwas eingerückt notiert werden. Diese Muster finden sich an den Endästen einer Map, wenn der Platz nicht ausreicht, um einen neuen Knotenpunkt anzulegen. Manch einer verwendet sie aber auch als eigenen Stil.

Concept Maps

Concept Maps sind Begriffsnetzdarstellungen, Übersichten, die nicht zwingend von einem Mittelpunktthema ausgehen, sondern Begriffe in Relation zueinander anordnen. Dabei werden die Bezüge zwischen einzelnen Begriffen (Konzepten) explizit benannt. Mit Concept Maps wird vor allem im universitär-wissenschaftlichen Bereich gearbeitet.

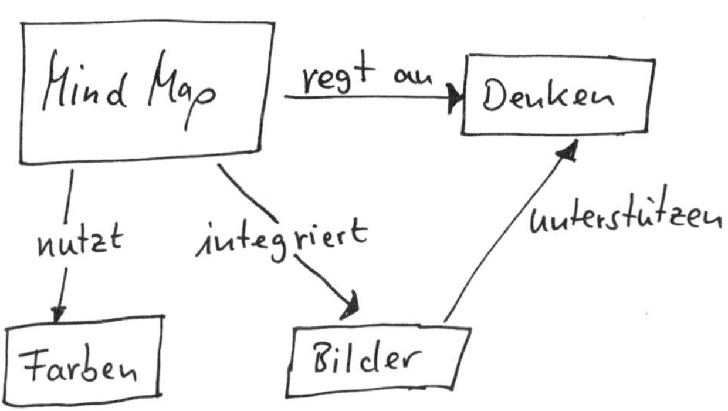

Concept-Map

Verwandte Technik: Clustering

Parallel zu Mind Mapping entstand in den USA ein „Clustering" genanntes Verfahren, das ebenfalls mit Assoziationen arbeitet. In der Mitte eines Blattes wird in einem Kreis ein Zentralbegriff notiert. Darum herum werden jeweils eingekreiste Begriffe ergänzt und diese Kreise dann je nach Zusammenhang miteinander verbunden. Der Mind Mapper würde zur Clustertechnik anmerken, dass die Kreise um die Begriffe diese isolieren und so das freie Assoziieren behindern.

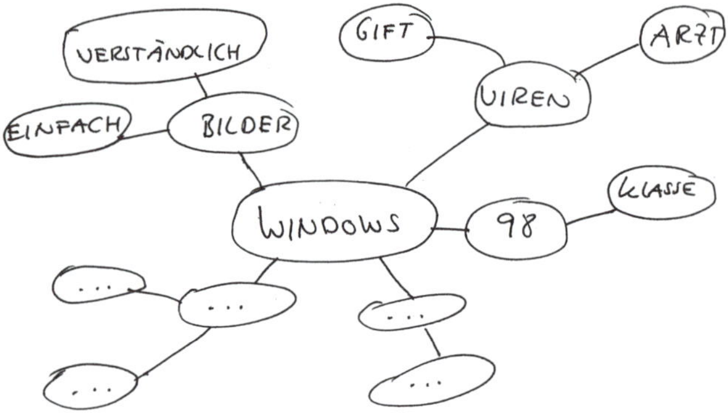

Clustering

Denken Sie auf dem Papier

Öffnen Sie sich für neue Perspektiven

Mind Maps sind anders, schon optisch. Das kann eine nicht zu unterschätzende Anfangshürde sein, weil allein das Aussehen einer Mind Map den überlieferten oder gewohnten Vorstellungen von guter Mitschrift, ordentlicher Notiz widerspricht.

Ordnungsmaßstäbe überprüfen

Wenn Sie Mind Maps erfolgreich einsetzen wollen, könnte es hilfreich sein, Ihre Maßstäbe zu überprüfen. Ähnlich dem Zen-Mönch, der lernen musste, dass nach dem Fegen des Gartens noch Blätter auf dem Boden liegen sollen, weil nur so der Garten lebendig und „richtig" ist.

Sollten Sie sich also bei Ihren ersten Versuchen unwohl fühlen und die Methode für nicht geeignet halten, überlegen Sie, spüren Sie nach, ob es Erfahrungen gibt, die Ihnen das Annehmen des Mind Mapping erschweren.

Vielleicht sollten Sie versuchsweise verlernen, was ordentliche Notizen sind, wie man an Problemstellungen heranzugehen hat, und sich stattdessen auf den Prozess des Mind Mapping einlassen, auf die Komplexität und die Verknüpfung von allem mit allem.

Kreatives Chaos akzeptieren

Mind Maps spiegeln Denkprozesse, gedankliche Auseinandersetzungen, mentale Klärungen. Die Map ist wie ein Protokoll Ihrer geistigen Arbeit. Mind Maps sind oft voll von Pfeilen, Markierungen und Bezügen. Auf Seite 119 finden Sie in der Galerie eine Map, die zur Entwicklung und Strukturierung eines Artikels diente. Pfeile markieren die Übergänge zwischen einzelnen Artikelabschnitten. Die römischen Ziffern zeigen die Gliederung des späteren Textes. Solche Maps wirken auf außenstehende Betrachter bisweilen verworren und chaotisch. Das sind sie vielleicht auch für Unbeteiligte. Doch Sie als Autor werden sich stets zurechtfinden, und wenn Ihnen einmal mit einer Map ein geistiger Durchbruch geglückt ist, werden Sie diese Map immer mit Stolz und Genugtuung anschauen. Bemerkenswerte Ergebnisse entstehen manchmal nicht am Schreibtisch auf A4-Papier!

Akzeptieren Sie den Denkprozess

„Hinterher ist man schlauer"

Es wird immer wieder vorkommen, dass Sie nach einiger Zeit bei einer Mind Map das Gefühl beschleicht, die Äste gehörten an eine andere Stelle, so, wie es auf dem Papier ist, stimme es nicht. Hier kann sich Ihr Blick auf das Thema durch den Denkprozess des Mappens verändert haben. Manchmal löst auch einfach die visuelle Rückmeldung der Mind Map solche Gefühle aus. Dies ist der Moment, in dem Sie alles vor sich überblicken und dadurch klarer sehen.

Vom methodischen Standpunkt aus können Sie gelassen bleiben: Sie haben nichts falsch gemacht, noch ist Mind Mapping ein ungeeignetes Werkzeug. Sie haben einen Denkprozess durchlaufen, der Ihnen zeigt, dass Sie eine andere Struktur wählen sollten.

■ *Allein durch das Anwenden der Mind-Map-Methode durchlaufen Sie einen Denkprozess, können zu neuen Erkenntnissen gelangen. Diese zeigen Ihnen ggf., wie Sie zu einer besseren, passenderen Struktur finden.* ■

Keine Angst vor vielen Ideen

Lassen Sie sich ruhig darauf ein, dass Ihnen beim Mappen immer neue Ideen und Gedanken kommen. Dass Sie das Gefühl haben, nie fertig zu werden oder sich in Details zu verlieren. Mit Mind Maps haben Sie endlich ein Instrument in Händen, mit der Fülle an Gedanken und Ideen umgehen zu können. Um diese zu strukturieren und den Überblick zu bewahren, kann es jedoch durchaus sein, dass Sie zwei Maps anfertigen müssen. Die erste als Ideensammlung, eine zweite mit der fertigen Struktur und möglicherweise ganz anderen Hauptästen. Vergleichen Sie hierzu die ausführlichen Abschnitte zum Ideensammeln und Strukturieren in Kapitel 3.

Genießen Sie es, Themen umfassend zu durchdenken. Manchmal kann Sie die Fülle der Assoziationen beim Mind Mapping zu Geistesblitzen und neuen Einsichten führen, die Sie zuvor nicht für möglich gehalten haben. Ideen oder Gedanken zu verwerfen ist immer einfacher als keine zu haben!

Erst assoziieren – dann strukturieren

Beispiel

Heinz Mendel muss als Projektleiter vor der Geschäftsleitung einen Vortrag halten über den Stand der Entwicklung eines neuen Produktes.

Er beginnt unmittelbar nach Auftragserteilung mit der Aufzeichnung seiner ersten Ideen. Er erfasst bisherige Erfahrungen, Meilensteine, Probleme. Da Heinz Mendel sich intensiv mit der Materie beschäftigt, fällt ihm vieles ein. Schnell sind die zwei Blätter voll, die er aus Platzmangel zusätzlich an sein Ausgangsblatt angeklebt hat.

Als er glaubt, alles Wichtige erfasst zu haben, überlegt er, was die Hauptpunkte seines Vortrags sein könnten und welcher Aufbau der Situation angemessen ist. Es bietet sich ein chronologischer oder ein thematischer Aufbau an. Nachdem sich Heinz Mendel für den thematischen Aufbau entschieden hat (den er für prägnanter hält), markiert er in seiner Map mit Textmarkern seine Haupt- und Nebenäste in verschiedenen Farben.

Auf der Basis der markierten Äste erstellt er eine zweite Map, die er als Handreichung für die Teilnehmer und Gedächtnisstütze für seine Präsentation verwenden will.

Dieses Beispiel zeigt, dass es sinnvoll ist, das Sammeln von Ideen und Gedanken und deren Strukturierung zu trennen. Es sind zwei unterschiedliche mentale Prozesse.

Nicht zu früh gliedern

Zu frühes Gliedern wirkt, als ob Sie einen Wasserschlauch zusammenpressen. So wie durch die Querschnittsverengung weniger Wasser fließen kann, reduziert der Filter des analytischen Suchens von Haupt- und Unterbegriffen den Fluss Ihrer Gedanken.

Versuchen Sie also, Ihren Gedanken freien Lauf zu lassen. Beginnen Sie mit dem ersten Oberbegriff, der Ihnen einfällt, entscheiden Sie bei jeder Idee, ob sie zu etwas Vorhandenem passt oder ob ein neuer Hauptast sinnvoll ist. Lassen Sie die Map sich entwickeln und ein Spiegel Ihrer Gedanken und deren Verknüpfungen werden.

Beachten Sie die „3 A"

Wie Sie bei der Anwendung der Methode schnell merken werden, entwickelt jeder Nutzer seine eigene, spezielle Mind-Map-Ausdrucksweise. In diesem Sinne ist Mind Mapping ein offenes, adaptierbares System. Tony Buzan empfiehlt jedoch bei der Aneignung der Methode die „3 A" zu beachten:

- *Akzeptieren* Sie zunächst die Mind-Map-Regeln und versuchen Sie diese möglichst genau umzusetzen.

- *Anwenden*: Auf der Basis der akzeptierten Regeln spielen Sie mit den Möglichkeiten der Methode und finden so zu Ihrem eigenen Stil und Ihren Anwendungen. Dies führt zum
- *Adaptieren* der Methode an die eigenen Bedürfnisse: Indem Sie verändern und experimentieren, machen Sie sich die Methode zu Eigen und finden Ihren persönlichen Stil.

Elemente und Methode gehören zusammen

Seien Sie sich bewusst, dass man sich auch sehr schnell von den Vorteilen des klassischen Mind Mappings entfernen kann. Wenn Sie Sätze statt Schlüsselwörter benutzen, ist dies nicht nur etwas Äußerliches, sondern wird sich direkt auf Ihr Denken und Ihre Assoziationen auswirken. Auch das Weglassen von Bildern beeinträchtigt die Einprägsamkeit und die Schnelligkeit des Erfassens.

Die nächsten Schritte

Damit Sie das Denkwerkzeug Mind Mapping mit allen Facetten in Ihrem Alltag nutzen können, lassen Sie den Denkprozess auf dem Papier zu. Achten Sie in der nächsten Zeit verstärkt darauf, dass Sie

- Äste mit mehreren Wörtern in ein Wort bzw. in Hauptast und Unteräste umformulieren,
- prüfen, welche Perspektive sich ergibt, wenn Sie zusammengesetzte Wörter unterteilen,
- Ausschau halten nach Wiederholungen,
- zwischendurch innehalten und prüfen, ob sich Sachverhalte mit einer Symbol- oder Farbkodierung einfacher darstellen lassen,
- Symbole verwenden; Symbole können auch nachträglich neben einen schon notierten Schlüsselbegriff gemalt werden,
- Ihre Ideen und Assoziationen „von der Kette des rationalen Denkens lassen",
- sich nicht überfordern mit zu komplexen Themen,
- Spaß beim Mappen haben!

Mind Mapping in der Praxis

Ob Sie Vorträge mitschreiben, Ihre Zeit planen oder Projekte steuern wollen – dieses Kapitel zeigt Ihnen, welchen Nutzen Mind Maps im beruflichen und persönlichen Alltag bieten. Sie werden Aufgaben und Herausforderungen anders angehen.

Ideen sammeln

„Innovativ ist, wer sieht, was jeder sieht, und dabei denkt, was noch keiner gedacht hat, um etwas zu tun, was so noch niemand gemacht hat."

H.-J. Quadbeck-Seeger

Assoziieren Sie doch mal

In den verschiedensten beruflichen wie privaten Lebenslagen sind innovative Ideen erwünscht – und zwar möglichst viele. Es gibt zahlreiche Kreativitätstechniken, die bei der Ideenfindung helfen – auch Mind Mapping gehört dazu. Um die Einzigartigkeit der Denknetzwerke jedes Menschen zu verdeutlichen, nutzt der Mind-Map-Schöpfer Tony Buzan eine einfache Assoziationsübung:

Übung: Assoziationen notieren

Zu einem vorgegebenen Begriff notiert jeder Teilnehmer innerhalb von ein bis zwei Minuten seine ersten zehn Assoziationen. Wenn man die gefundenen Begriffe vergleicht, werden oft große Übereinstimmungen erwartet. Doch ist in der Regel das Gegenteil der Fall: Es finden sich kaum Übereinstimmungen! Bei drei zufällig nebeneinander sitzenden Personen gibt es meist keine oder nur eine Übereinstimmung, noch deutlich seltener sind zwei oder drei identische Begriffe.

Beispiel
Eine Gesamtauswertung der Übung bei einer Gruppe mit 35 Personen zum Thema „Meine Firma“ ergab folgendes Ergebnis:

- 35 Teilnehmer notierten in 2 Minuten 331 Begriffe.
- Um Mehrfachnennungen bereinigt ergaben sich 172 einmalige Stichworte (52 %).
- Die maximale Übereinstimmung bei 2 Personen waren 4 Begriffe.
- Der häufigste Begriff (Urlaub) hatte 20 Nennungen (57 %).
- Nur 5 Begriffe wurden häufiger als 10-mal erwähnt.

Assoziationen zum Wasser

Die kleine Übung zeigt, wie einmalig und individuell jeder Mensch Informationen in seinem Gehirn ablegt.

Brainblooms – Assoziationsblumen

Faszinierend bei der Auswertung der geschilderten Übung in Dreiergruppen ist das Erstaunen der Teilnehmer über die Begriffe der anderen. Von Verwunderung bis zu ungläubigem Kopfschütteln, „wie man nur auf solch einen Begriff kommen kann“, habe ich schon alle Nuancen erlebt.

Gerade die Faszination angesichts der Einfälle der anderen führt zu neuen eigenen Assoziationen. So entsteht, was Tony Buzan eine „Brainbloom" nennt, eine geistige Blume, die immer weiter wächst und blüht. Ganz im Gegensatz zum „Brainstorm", der zarte Ideen leicht hinwegfegt.

Der Einzelne hat originellere Ideen als die Gruppe

Seit ich diese Übung kenne, führe ich keine Brainstormings mehr am Flipchart durch. Denn die in den Raum gerufenen Begriffe sind Assoziationsautobahnen, die keine Nebenstraßen oder gar Feldwege berücksichtigen.

Neuere Untersuchungen haben gezeigt, dass Brainstorming nicht die Erwartungen erfüllt, die daran geknüpft werden. Statt sich gegenseitig bei der Ideenfindung zu inspirieren, sind die durch gemeinsames Nachdenken erzielten Gruppenergebnisse schlechter als die Resultate kreativer Einzelkämpfer. Meist haben Einzelpersonen mehr und originellere Ideen.

■ *Wann immer Sie ein breites Fundament an Ideen und Einfällen zu einem Thema wünschen – lassen Sie die Beteiligten alleine beginnen! Dadurch vermeiden Sie die Nachteile des Brainstormings und erhalten einen hervorragenden Pool an Begriffen und Ideen zu Ihrem Thema.* ■

Je umfangreicher Ihre Ideensammlung, desto größer ist die Chance, dass auch bahnbrechende Ideen darunter sind. Qualität ist hier eine Folge der Quantität. Und – wie an anderer Stelle bereits betont: Ideen wegzulassen ist immer einfacher, als keine zu haben.

Mit Mind Maps Ideen festhalten

Je besser eine Idee, desto flüchtiger ist sie! Deshalb schaffen Sie einen zentralen Platz für Ihre Ideen. Zum Beispiel mit einer Mind Map auf einem speziellen A3-Zeichenblock an Ihrem Schreibtisch oder an einer Pinnwand. Vielleicht richten Sie sich dafür auch eine Datei am PC ein, auf die Sie direkt vom Desktop zugreifen können. Schreiben Sie Ihre Ideen nicht auf die Tagespläne von Kalendarien oder in ein allgemeines Notizbuch, es sei denn, Sie haben viel Zeit zum Suchen.

Mind Maps aus Assoziationen

Mit der beschriebenen Assoziationsübung haben Sie einen guten Einstieg in ein Thema. Oft scheuen sich Gruppen oder Moderatoren jedoch aus Angst vor der Fülle an Ideen und der Schwierigkeit, sie zu handhaben, vor solchen Ansätzen. Hier können Mind Maps helfen.

Aus Brainwritingbegriffen eine Mind Map erstellen

Wenn Sie die beschriebene Assoziationsübung mit einer Gruppe durchführen und alle vorhandenen Ideen zusammentragen wollen, können Sie dies mit Hilfe einer Mind Map tun. Dazu haben Sie zwei Möglichkeiten:

Die schnellere Alternative ist die Kombination mit der Moderationstechnik. Lassen Sie die Teilnehmer Begriffe auf Moderationskarten schreiben (Brainwriting). Diese Karten werden nun so gruppiert, dass daraus eine Mind Map erstellt werden kann. Dazu müssen Sie sich einige Moderationswände besorgen und diese mit weißem Packpapier bespannen (natürlich können Sie auch eine große Wand im Seminarraum nutzen). Sorgen Sie dafür, dass Sie ausreichend Fläche haben. Selbst bei kleinen Gruppen und nur fünf bis acht Begriffen pro Teilnehmer werden Sie scheitern, wenn Sie nicht mindestens zwei (besser vier) Pinnwände haben. Gehen Sie nun folgendermaßen vor:

1. In die Mitte Ihrer Fläche malen und schreiben Sie Ihr Thema wie das Zentralbild einer Mind Map.
2. Lassen Sie zwischen dem Zentralbild und Ihren ersten Karten ausreichend Platz, um nach dem Gruppieren einen Hauptast mit Oberbegriff zwischen Thema und Karten zeichnen zu können.
3. Pinnen Sie nun zusammenpassende Karten als Wolken auf Ihre Pinnwand.
4. Behalten Sie dabei das Aussehen Ihrer späteren Map im Auge. Jede Wolke wird später die Unterzweige eines Hauptastes bilden.
5. Wenn alle Karten gruppiert sind, überlegen Sie sich gemeinsam zu jeder Kartenwolke einen Oberbegriff.
6. Malen Sie, ausgehend vom Zentralbild, Hauptäste in Richtung Ihrer Wolken und notieren Sie die Oberbegriffe auf den Ästen.
7. Die Begriffe auf den Karten übertragen Sie jetzt als Unteräste auf das Packpapier.
8. Nun haben Sie eine vollständige Übersicht über die Ideen zu dem für diese Sitzung gewählten Thema.

Mehrere Mind Maps zusammenfassen

Eine andere Möglichkeit: Die Teilnehmer erarbeiten in Kleingruppen Mind Maps zum gegebenen Thema, die anschließend zu einer Gesamtmap zusammengefasst werden. Dies ist einfacher, als Sie denken, wenn darauf geachtet wird, Inhalt und Prozess voneinander zu trennen.

Das Ziel ist, viele Ideen oder Aspekte zu einem Thema zu sammeln. Wenn Sie nun die Einzel- oder Teilergebnisse zusammentragen, darf nichts unter den Tisch fallen. Sie sollen aber auch nicht beginnen, inhaltlich zu diskutieren. Also einigen Sie sich kurz auf Hauptäste und übertragen Sie gefundene Begriffe auf Unteräste. Können Sie sich untereinander nicht auf gemeinsame Hauptäste einigen, werden einfach die in den Teilmaps vorhandenen Hauptäste übertragen. Sie bewegen sich auf der Prozessebene, die Bewertung der Ideen oder die inhaltliche Diskussion erfolgen erst im Anschluss.

Neue Assoziationen integrieren

Bei beiden Vorgehensweisen sollte der Moderator offen dafür sein, weitere Ideen aufzunehmen. Da alle Teilnehmer die Begriffe der anderen beim Zusammentragen das erste Mal sehen, ist es nur natürlich, dass weitere Ideen und Assoziationen auftauchen. Integrieren Sie auch diese Sekundärbegriffe. Sie werden ein unglaublich breites und vielfältiges Fundament an Gedanken erhalten. Seien Sie stolz darauf. Wie bereits gesagt: Ideen zu verwerfen ist immer leichter, als keine zu haben!

Die Ergebnisse bewerten

Haben Sie einmal eine solche Gesamtmap erstellt, können Sie mit dem Bewerten und Umstrukturieren beginnen. Gewichten Sie die verschiedenen Nennungen, indem Sie die Teilnehmer Punkte vergeben lassen oder die Themen ausdiskutieren. Wenn Sie nicht bei der Ideensammlung stehen bleiben wollen, achten Sie darauf, Entscheidungen zu treffen und Maßnahmen festzulegen. Fassen Sie die Handlungsschritte in einer neuen Map zusammen und legen Sie Zuständigkeiten und Termine fest.

Die ursprüngliche Gesamtmap sollte aufbewahrt oder zumindest dokumentiert werden, da sie ein großes Reservoir an Ideen darstellt, auf das später wieder zurückgegriffen werden kann.

Informationen strukturieren

Beispiel

Joachim Kurz übernimmt nach der Pensionierung von Holger Reber dessen Arbeitsgebiet und muss sich einarbeiten. Er beschließt, dies mit verschiedenen Fachbüchern und den Notizen seines früheren Kollegen zu tun. Doch schon nach wenigen Versuchen ist er nahe daran zu resignieren, weil er sich so wenig merken kann, immer wieder wichtige Details nachschlagen muss und häufig unsicher ist, in welchem Bereich er überhaupt suchen soll.

Informationen aufnehmen und behalten

Wer kennt diese Erfahrungen nicht!? Lesen ist eine der schwächsten Möglichkeiten, Informationen aufzunehmen.

Nur etwa 10 % des Gelesenen werden behalten. Bei Gesehenem sind es rund 30 %, bei selbst Gesagtem rund 70 %. Am besten schneidet das Selbertun ab mit 90 % Behaltensquote. (Also nicht nur über Mind Mapping lesen, sondern spätestens nach jedem Kapitel auch etwas tun!)

Joachim Kurz leidet jedoch nicht nur unter der schwachen Aufnahme von Informationen, sondern auch unter der ganz natürlichen Vergessenskurve. Nach wissenschaftlichen Erkenntnissen werden bereits eine Stunde nach dem Lernen 50 % wieder vergessen. Nach einem Tag bleiben noch zirka 25 %, diese dann aber recht stabil über einen längeren Zeitraum.

Was Joachim Kurz vor allem fehlt, ist der Überblick über die neuen Fachgebiete und ein Konzept, wie er die neue Aufgabe angehen kann. Ihm fehlen Strategie und Struktur. Auch hier hilft Mind Mapping.

Wissen – ein Netz zum Fischen von Informationen

Stellen Sie sich vor, Sie müssten in einem Meer von Informationen die für Sie passenden, wichtigen Informationen finden. Nichts einfacher als das: Nehmen Sie Ihr vorhandenes Wissen als Netz und gehen Sie fischen! Allerdings hat Ihr Netz, im Vergleich zu im Handel käuflichen Netzen, einen wesentlichen Unterschied: Ihr Netz weist an jeder Stelle verschieden große Maschen auf. Dabei entsprechen die Maschen Ihrem Wissen zu dem entsprechenden Thema. Wissen Sie viel, sind die Maschen eng, wissen Sie wenig, sind die Maschen groß.

Nun halten Sie Ihr Netz in das Meer der Informationen. Dort schwimmen ganz unterschiedliche Fische, große Wissensbrocken und viele kleine Schwärme von Detailfischen. Sie haben es auf die Detailfische abgesehen. Können Sie mit Ihrem großmaschigen Netz kleine Detailfische fangen? Nein, in dem großmaschigen Netz bleiben nur die großen Brocken hängen! Für die Details brauchen Sie enge Maschen; das heißt, um sich Details zu merken, müssen Sie bereits viel wissen.

Wollen Sie sich aber in ein neues Gebiet einarbeiten, dann werden die Details Sie zu Beginn überfordern. In Verbindung mit den Ausgangsüberlegungen sei hier einmal die Frage erlaubt: Warum versucht man sich Dinge zu merken, die man sowieso wieder vergisst?

Vom Überblick zum Detail

Wie wäre es, sich jeweils auf jene Informationen zu konzentrieren, die sich relativ einfach einprägen lassen? Im Bild des Netzes gesprochen: die Inhalte aufzunehmen, die Ihrer Maschengröße entsprechen. Dabei wird Ihr Netz nach und nach immer feinmaschiger.

Bei einem neuen Thema werden Sie sich demnach zuerst die grundlegende Unterteilung des Wissensgebietes einprägen, die Oberbegriffe. Dann sollten Sie sich anschauen, wie diese Hauptgebiete weiter unterteilt sind. Danach, wie die einzelnen Teilgebiete sich ausdifferenzieren.

Überfliegend lesen

Dieser Ansatz verändert den Umgang mit gedruckten Texten völlig. Sie werden das Buch oder den Artikel deutlich häufiger zur Hand nehmen, jedoch kaum im klassischen Sinne lesen, sondern den Text überfliegen. Sie scannen die Information, die Sie gerade suchen bzw. aufzunehmen bereit sind. An wesentliche Stellen können Sie ein Post-it kleben oder sich die Stelle notieren. Eine Markierung mit Textmarker ist für diese Methode wenig hilfreich, da Sie Ihren Text mehrfach scannen und bereits markierte Stellen Ihre Aufmerksamkeit in alte Bahnen lenken würden. Passender sind Randbemerkungen, kurze Zusammenfassungen oder Anmerkungen, die Sie am oberen oder unteren Seitenrand notieren.

Ziehen Sie das Inhaltsverzeichnis, die Einleitung, Grafiken, das Schlagwortverzeichnis und Zusammenfassungen als Erstes heran, um sich einen Überblick zu verschaffen. Stellen Sie sich vor, Sie würden in einem Heißluftballon über dem Text schweben: Je nach Ihrer Höhe können Sie unterschiedliche Informationen erkennen. „Fahren" Sie nicht zu tief, verlieren Sie sich nicht in Details und lesen Sie sich nicht fest, achten Sie auf den passenden Abstand.

Vom Ende ausgehen

Bei Argumentationsketten eines Fachbuches oder wissenschaftlichen Textes kann es von großem Nutzen und dem Verständnis dienlich sein, schon zu Beginn der Argumentation zu wissen, welchen Punkt der Autor ansteuert. Versuchen Sie zu verstehen, was der Autor mit einer bestimmten Anordnung der Abschnitte beabsichtigte. Versuchen Sie Bezüge, Spannungs- oder Argumentationsbögen zu erkennen und zu erfassen, wohin der Autor Sie führen will.

Fragen an den Text stellen

Diese Vorgehensweise können Sie durch gezielte Fragen an den Text unterstützen. Die menschliche Wahrnehmung ist selektiv, wir nehmen wahr, was wir kennen oder mögen. Ich nenne das den „Neues-Auto-Effekt“: Sie interessieren sich für ein bestimmtes Fahrzeug oder haben es gerade gekauft – und plötzlich sind die Straßen voll von genau solchen Fahrzeugen. Nutzen Sie diesen Effekt, indem Sie Ihre Konzentration auf die Punkte lenken, über die Sie etwas erfahren und im Gedächtnis behalten möchten.

Überlegen Sie sich für den jeweiligen Bearbeitungsschritt passende Fragen, z. B.:

- Was weiß ich von diesem Sachgebiet?
- Welche Informationen erwarte ich?
- Auf welche Fragen soll mir die Lektüre Antworten geben?
- Welcher inneren Logik folgen die einzelnen Kapitel oder Abschnitte?
- Welches sind die Hauptargumente für diese These?
- Mit welchen Beispielen werden die Argumente belegt?

Mit Mind Maps Texte zusammenfassen

Überfliegendes Lesen ist sehr effizient, wenn Sie die gefundenen Informationen mit Mind Maps aufzeichnen. Mind Maps sind ein ideales Instrument, um mit großen Informationsmengen umzugehen. Für den hier beschriebenen Umgang mit Texten eröffnen Mind Maps ganz neue Möglichkeiten der Mitschrift. In einer Mind Map können Sie Ihre Notizen wie ein Wissensnetz aufbauen.

Hierarchien herausarbeiten

Von Ast zu Ast nach außen gehend, finden Sie eine begriffliche bzw. inhaltliche Hierarchie. Die Map erscheint dann aus konzentrischen Kreisen aufgebaut. Jeder der Kreise stellt eine Hierarchiestufe oder begriffliche Ebene dar. Jede Mind-Map-Ebene entspricht dabei einer bestimmten Maschenweite Ihres Wissensnetzes.

Mit dem Ansatz, vom Allgemeinen zum Speziellen zu gehen, entwickeln Sie Ihre Map von Ebene zu Ebene. Vom Thema des Textes ausgehend, zeichnen Sie zunächst die Hauptäste. Diese repräsentieren die grundlegenden Ordnungsideen des Textes oder Sachgebietes. Nachdem Sie diesen generellen Überblick erstellt haben, nehmen Sie erneut Ihren Text zur Hand und beginnen für jeden Hauptast die erste Unterastebene festzulegen. Gehen Sie nicht tiefer in die Details, wahren Sie den Überblick und versuchen Sie ein Verständnis für die Struktur des Textes und die Absichten des Autors zu entwickeln.

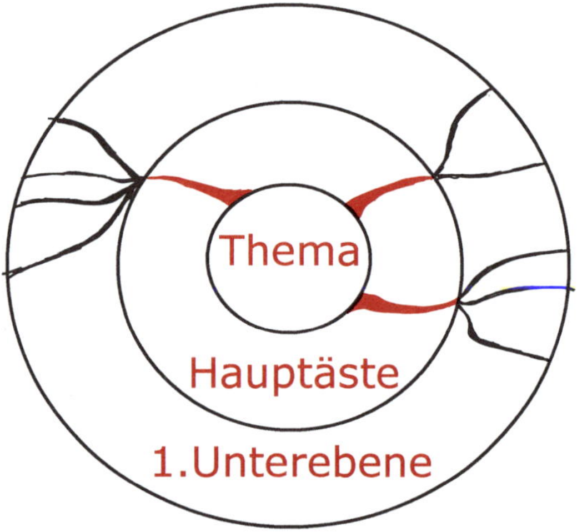

Textzusammenfassung: Konzentrische Kreise

Das Inhaltsverzeichnis bietet eine gute Orientierungshilfe zur Erstellung der Hauptäste. Jedoch entspricht nicht automatisch jedes Textkapitel einem Hauptast.

▪ *Abhängig von Ihrer Absicht, Ihrem Textverständnis und dem Aufbau des Textes kann es sinnvoll sein, eine eigene Struktur zu entwickeln, statt diejenige eines Buches zu übernehmen.* ▪

Gelegentlich werden Sie feststellen, dass Sie den Aufbau eines Buches oder Textes nicht nachvollziehen können oder dessen innerer Logik nicht folgen wollen. In diesem Fall finden Sie eigene Hauptäste, die für Sie die wesentlichen Aspekte des Themas darstellen. Notieren Sie passende Unterthemen zu den Hauptästen. Da Sie eine neue Struktur entwerfen, kann es sinnvoll sein, an den einzelnen Ästen die Seitenzahlen der Quelle zu vermerken. Die ursprüngliche Textpassage lässt sich so leichter wiederfinden.

In der Galerie finden Sie auf Seite 120 eine Map, die wesentliche Inhalte eines Buches darstellt. Aus mehreren Kapiteln wurden Aussagen auf fünf Hauptästen verdichtet. Zur Veranschaulichung der hier beschriebenen Vorgehensweise wurden die (gedachten) konzentrischen Kreise eingezeichnet.

Mitschriften verfassen

Vorträge in Mind-Map-Form mitzuschreiben oder Sitzungen in einer Mind Map zu protokollieren halte ich für eine lohnende Herausforderung.

Vor allem dann, wenn der Vortragende in seiner Einleitung keinen kurzen Überblick seines Vortrages bietet, ist Ihre Kreativität und Auffassungsgabe gefordert. Innerhalb von wenigen Sekunden müssen Sie Sachverhalte erfassen, Strukturen erkennen und sich für bestimmte Schlüsselwörter entscheiden. Dies ist nicht ganz einfach, gelingt jedoch mit etwas Geduld und Übung.

Das Mitschreiben üben

Wenn Sie gerade mit Mind Mapping beginnen, empfehle ich Ihnen, mit kleineren Präsentationen, Vorträgen oder Sitzungen zu starten. Wollen Sie das Mitschreiben intensiv trainieren, eignen sich dafür Reportagen in Rundfunk und

Fernsehen sowie Besprechungen oder berufliche Gespräche. Achten Sie bei Reportagen auf eine ausreichende Länge und den inneren Zusammenhang. Nachrichtensendungen, die Informationen lediglich aufzählen, sind zum Üben nicht gut geeignet. Sie werden überrascht sein, wie gut Sie sich an das Protokollierte erinnern, da Sie beim Mitmappen sehr aufmerksam sind.

Vorträge mitschreiben

Bei einem Vortrag wissen Sie, was Sie erwarten, jedoch nicht, was Sie erwartet. Da Sie selten vorab erfahren, was Sie erwartet, ist das Mitschreiben von Vorträgen ein echtes Abenteuer. Daher: Bleiben Sie entspannt, wach und genießen Sie die Herausforderung. Weil die Mind Map eine Mischung aus der gedanklichen Struktur des Redners und dem von Ihnen Verstandenen ist, brauchen Sie bei einer chaotischen Map die Ursache nicht alleine bei sich zu suchen!

Die richtige Struktur wählen

Die Herausforderung für Sie besteht darin, in kürzester Zeit zu entscheiden, wie Sie mitschreiben:

- In der Struktur, der Gliederung des Redners?
- In einer eigenen Struktur?

Hält der Redner einen erkennbar gut gegliederten Vortrag, ist es relativ einfach, eine Map Punkt für Punkt aufzubauen. Wenn dagegen ein Vortrag zu Beginn wenig Struktur erkennen lässt oder viele Beispiele und Details enthält, werden Sie mit einer selbst entwickelten Struktur bessere Ergebnisse erzielen als beim Versuch, den Vortrag in seinem Ablauf zu notieren.

Natürlich kann es vorkommen, dass Sie einen Begriff für einen Hauptast wählen, der sich später als nicht so wesentlich herausstellt. Damit müssen Sie leben. Ergänzen Sie, heben Sie hervor oder machen Sie sich eine Anmerkung.

Höhere Konzentration durch Mind Mapping

Eine Mitschrift, die alle wesentlichen Punkte enthält, fordert einige Konzentration. Sie hören zu, erfassen die Schlüsselwörter und strukturieren die Inhalte. Da Sie aber insgesamt aufmerksamer sind, deutlich weniger Worte schreiben als bei linearen Notizen, können Sie dem Vortrag meist besser folgen und mehr behalten. Am einfachsten ist der Einstieg bei Vorträgen, die Sie nicht zu 100 % erfassen müssen. Wenn Sie die Freiheit haben, den einen oder anderen Gedanken wegzulassen, reduziert das die Anspannung deutlich. Selbst mit der kleinsten Mind Map eines Vortrages werden Sie mehr behalten und sich später an mehr erinnern als 95 % der anderen Zuhörer, die sich keine oder lineare Notizen machen. Den meisten Mitschreibern sind Sie allein durch Ihre Schnelligkeit überlegen. Eine Vortragsmitschrift in Map-Form sehen Sie auf Seite 121 in der Galerie.

Eigene Vorträge durch Mind Maps testen

Die Tatsache, dass eine Map die gedankliche Struktur des Vortragenden spiegelt, nutzen meine Kunden immer wieder, um ihre wichtigen Präsentationen und Vorträge bei einer „Generalprobe" von einem Kollegen oder dem Partner mitschreiben zu lassen. Sie bekommen dadurch eine Rückmeldung, ob die Kernaussagen verstanden, die wesentlichen Punkte transportiert werden und der Aufbau zu erkennen ist.

Unterricht und Vorlesungen mitschreiben

Generell gilt für Studium und Unterricht dasselbe wie für Vorträge. Allerdings kann nicht jedes Fach gleich elegant mitgeschrieben werden. Naturwissenschaftliche Fächer erfordern mehr Übung als geisteswissenschaftliche.

Für Vorlesungen oder Doppelstunden würde ich mindestens A3-Papier verwenden. Bei einem Studium kann auch der Wechsel auf die EDV sinnvoll sein, da Sie mit einer Software leicht aus einzelnen Vorlesungsmaps vor der Prüfung eine Gesamtmap zum Lernen und Wiederholen anfertigen können. In eine EDV-Map können Sie auch Links zu anderen Dokumenten integrieren und so eine zentrale Wissensmap für bestimmte Themen oder Fächer erstellen. Näheres zum Lernen mit Maps finden Sie ab Seite 89, zur Software ab Seite 102.

Powerpoint-Präsentationen skizzieren

Da bei Powerpoint-Präsentationen oft mehr Text visualisiert als behandelt wird, ist es schwierig, eine Powerpoint-Präsentation auch nur annähernd vollständig mitzuschreiben.

Sich von vorgegebenen Visualisierungen lösen

Die besten Ergebnisse erzielen Sie, wenn Sie sich von der Visualisierung lösen und sich mehr an den Aussagen des Vortragenden orientieren.

Als Mind Mapper dürfte Ihnen inzwischen schon aufgefallen sein, dass selbst viele gute Powerpoint-Präsentationen der Illusion erliegen, Text zu visualisieren wäre schon eine Aktivierung bildhaften Denkens. Natürlich hilft der visualisierte Text, aber: Er fordert zum Lesen auf. Damit wird die Ebene der Sprache und damit die linke Hirnhälfte nicht verlassen. Ansprechender und gehirngerechter ist eine Präsentation dann, wenn der Vortragende zumindest gelegentlich in Bildern und Metaphern spricht und auch mit Bildern und Symbolen visualisiert. Finden Sie möglichst eigene Visualisierungen für das Dargebrachte.

Fortbildungsveranstaltungen mappen

Selbstverständlich eignen sich Mind Maps auch ideal zum Mitschreiben bei Weiterbildungsveranstaltungen.

Beispiel

Peter Lange zeichnet Tagungen und Weiterbildungsveranstaltungen mit Mind Maps auf. Meist verwendet er bei mehreren Referenten eine Map pro Vortrag. Bei Veranstaltungen mit Workshopcharakter protokolliert er den Ablauf in einer Mind Map. Immer erstellt er sofort zu Beginn eine zentrale Mind Map, auf der er alle Ideen und Anregungen, die er anwenden will, sammelt. Wieder am Arbeitsplatz, beschäftigt er sich vor allem mit dieser Map. So sichert er einen erfolgreichen Transfer der Weiterbildung. Seine anderen Mind-Map-Mitschriften nutzt er zum Nachlesen oder um Kollegen ausführlicher über die Tagung zu informieren.

In einer Map vorab Bildungsziele formulieren

Sie haben mehr von Ihrer Weiterbildung, wenn Sie sich zuvor bewusst machen, was Sie von dieser Veranstaltung erwarten. Vielleicht haben Sie konkrete Fragen oder Aufgaben, die die Maßnahme beantworten soll. Am besten erstellen Sie eine Map, in der Sie Ihre Fragen und Ziele bezüglich der Fortbildung vorab aufzeichnen. Nutzen Sie diese Map während der Veranstaltung, um Ihre Ziele leichter zu erreichen.

Fakten und Maßnahmen getrennt aufzeichnen

Davon ausgehend entscheiden Sie, was, wie und wie viel Sie im Laufe der Veranstaltung mitschreiben. Die Mitschrift eines EDV-Kurses finden Sie auf Seite 122 in der Galerie. Die Umsetzung von neuen Ideen und der Transfer des Gelernten und Gehörten in Ihren beruflichen oder privaten Alltag erhöht sich, wenn Sie Ihre Absichten und Pläne in einer eigenen Map sammeln und von dem aufgezeichneten Wissen trennen. Mit dieser Vorgehensweise haben Sie auch am Ende einer mehrtägigen Veranstaltung nur eine Map, die Sie abarbeiten müssen. Der Rest ist Protokoll, sind Informationen zum Nachlesen.

Protokolle abfassen

Besprechungen und Sitzungen haben gegenüber Vorträgen den Vorteil, dass die Tagesordnung bereits mit der Einladung bekannt gemacht wird. Damit haben Sie schon die ersten Kandidaten für Ihre Hauptäste. Die Herausforderungen beim Protokollieren in Form von Mind Maps liegen eher in

- zu vielen Details,
- hitzigen, unstrukturierten Diskussionen,
- äußerst vielen Beiträgen und einer hohen Teilnehmerzahl.

Mit Symbolen und Farben Wesentliches markieren

Versuchen Sie hier das Wesentliche zu erfassen. Bei zu vielen Details setzen Sie Stilmittel wie Wolken oder Sprechblasen ein. Entscheidungs- und Diskussionsprozesse können Sie auf einer separaten Map mitschreiben und nur das Ergebnis in die Hauptmap übertragen. Wenn Sie jedem Beteiligten eine Farbe zuordnen, können Sie über diesen Kode jede Aussage zurückverfolgen, ohne dass Sie immer notieren müssen, von wem welcher Beitrag kam.
Dies gilt in erster Line, wenn Sie als klassischer Protokollführer stellvertretend für eine ganze Gruppe protokollieren. Sind die Notizen nur für Sie selbst, haben Sie natürlich mehr Freiheiten. Sie können Symbole intensiver nutzen, die nur Sie betreffenden Sachverhalte und To-dos durch Symbole, Farben oder einen eigenen Ast hervorheben und natürlich das für Sie Uninteressante erst gar nicht mitschreiben.

Maßnahmenmap extra anfertigen

Trennen Sie die Ergebnisse vom Verlauf. Legen Sie eine Extramap an, die nur die Punkte enthält, auf die Sie sich geeinigt haben, sowie Maßnahmen und Verantwortlichkeiten, wer was bis wann tut. Einfacher können Sie nicht den Überblick über Zuständigkeiten und Verbindlichkeiten bekommen. Bestimmen Sie jemand aus dem Kreis der Teilnehmer, der die Einhaltung dieser Ergebnismap einfordert.

Vorbehalte gegen Mind-Map-Protokolle

Gegen Protokolle mit Mind Maps wird immer wieder eingewendet, dass nicht alles erfasst wird und die Inhalte nach einiger Zeit nicht mehr nachvollzogen werden können, da nur Schlüsselwörter notiert wurden. Wie gut sich Inhalte durch Schlüsselwörter nachvollziehen lassen, hängt selbstverständlich vom gewählten Begriff ab. Natürlich gibt es keine Garantie, dass Sie nicht einmal vor einem Ast sitzen und auch bei intensivem Überlegen nicht mehr wissen, was Sie damit meinten. Doch Hand aufs Herz – ist Ihnen das bei Texten nicht auch schon passiert?

Das Eingangsbeispiel auf Seite 11 zeigt die Mitschrift einer Besprechung von Sicherheitsbeauftragten, Vertrauensleuten und Führungskräften. Interessante Details sind

- die in Sitzordnungsform integrierte „Teilnehmerliste" (sehr günstig, um sich die Namen von bisher fremden Teilnehmern einzuprägen),
- die Symbolkodierung der To-dos (Hand für den Schreiber, Quadrat und Kreis für Kollegen)
- die gesonderte Auflistung der eigenen To-dos und der eigenen (zusätzlichen) Ideen auf besonderen Ästen.

Für diese Anwendung wird inzwischen auch häufiger eine Software verwendet (Seite 102). Dadurch wird man nicht von Platzproblemen überrascht, die Map ist gut lesbar und es lassen sich leicht Textpassagen oder Dokumente integrieren.

Die Zeit im Griff haben

Beim klassischen Zeitmanagement verwenden Sie Tabellen. Sei es als Kalendarium mit unterschiedlichen Zeitplänen (Jahr, Monat, Woche, Tag) oder als Sammlung von Aufgaben in To-do-Listen. Mind Maps als grafisches Hilfsmittel sind eine Alternative oder eine Ergänzung zur Tabelle. Ob Sie allein mit Mind Maps planen oder Kalendarium und Mind Maps verbinden, hängt von der Zahl Ihrer Termine ab und von der Arbeitsweise, die Sie bevorzugen. (Wenn Sie viele Einzeltermine haben, ist ein Zeitmanagement ausschließlich mit Maps vermutlich etwas unübersichtlich.)

Wenn Sie nur mit Mind Maps planen

Planen und organisieren Sie Ihre Zeit nur mit Mind Maps, sollten Sie zeitliche und thematische Maps kombinieren. Dabei müssen Sie sich für verschiedene Zeitperspektiven entscheiden. Traditionelles Zeitmanagement nutzt folgende Zeitperspektiven: Tages-, Wochen-, Monats-, Jahres- und Mehrjahrespläne.

Überlegen Sie, welche Perspektiven für Sie passen. Diese können von Zeit zu Zeit variieren. Mit Mind Maps haben Sie alle Möglichkeiten. In der Regel brauchen Sie detailliertere Pläne, wenn Sie viele Einzeltermine haben.

Zu Beginn ohne Termine planen

Am besten erstellen Sie zunächst eine Zielcollage für einen größeren Zeitraum, eine Map für mehrere Jahre. Hier kommt es in erster Linie auf die Inhalte an, auf Ihre Ziele in verschiedenen Bereichen, nicht auf Termine. Ausgehend von dieser Mehrjahresmap oder Zielcollage gestalten Sie einen vorerst terminfreien Jahresplan. Diese Map enthält alle für das bevorstehende Jahr vorgesehenen wesentlichen Ziele für Beruf und Privatleben. Eine mit – dem Computer erstellte – Beispielmap hierzu finden Sie auf Seite 123.

▪ *Bevor Sie Ihre Zeit sinnvoll planen können, müssen Sie Klarheit über Ihre Ziele gewinnen.* ▪

Wenn Sie auf diese Weise alle Ziele für das kommende Jahr festgelegt haben, beginnen Sie, in der zeitlich darunter liegenden Ebene (Quartale, Monate, Wochen) Teilziele zu terminieren bzw. bestehende Termine einzutragen. Sie können hierzu eine zentrale Mega-Map nutzen, an die Sie andere Maps koppeln. Eine Mega-Map zur Jahresplanung zeigt die Galerie auf Seite 124.

Hilfsmittel zur Vereinfachung nutzen

Legen Sie – je nach Feinplanung – Tage oder Wochen als Hauptäste an. Mit Kopiervorlagen, bei denen erst auf den Kopien das Datum notiert wird, lässt sich der Aufwand etwas reduzieren. Weiter vereinfachen können Sie Ihre Zeitplanung, indem Sie „Brainmap" nutzen, ein fertiges, spiralgebundenes Kalendarium, das Mind-Map-Kalenderformulare für ein Jahr enthält, mit der Woche als unterster Planungsebene.

Wenn Sie mit Kalendarium und Mind Map planen

Wesentlich einfacher wird Ihre Zeitplanung, wenn Sie Mind Maps mit einem Kalendarium kombinieren. Unter dem Motto „Organisieren auf der Map – terminieren im Kalendarium" können Sie das Beste aus zwei Welten nutzen.

Sachliches und Zeitliches trennen

Die Mind Map ergänzt das Kalendarium sinnvoll, wenn Sie z. B. alle zu einem Termin gehörenden Einzelheiten, Gedanken oder Ideen in der Map notieren. Sie entlasten einerseits Ihren Kalender: Die Zeitachse bleibt übersichtlich, da Sie keine Notizen mehr unter Ihren Termin schreiben müssen (und dadurch Platz für weitere Eintragungen gewinnen); andererseits aktivieren Sie dadurch Ihr Assoziationspotenzial, was zu besseren Ergebnissen führt. Ein Beispiel:

Beispiel

Britta Karges wird von ihrem Vorgesetzten per Mail zu einer Besprechung eingeladen, bei der über den Einsatz einer neuen Software entschieden werden soll. Gleich nachdem sie die Mail gelesen hat, trägt Britta Karges den Termin in ihr Zeitplanbuch ein. Danach legt sie in einem Mind-Map-Formular eine Map zum Besprechungsthema an. Sofort notiert sie alle Ideen, die ihr zum Thema einfallen. In den nächsten zwei Wochen bis zur Sitzung wird sie die Map immer wieder ergänzen und sich so kontinuierlich auf die Besprechung vorbereiten. Optimal und sehr effizient vorbereitet wird sie später auch die Besprechungsergebnisse in dieser Map notieren. Dazu nutzt sie Fineliner in unterschiedlichen Farben, um zwischen Vorbereitung und Meeting unterscheiden zu können.

Maps eine Zeitebene über dem Kalendarium führen

Sie können Wochen-, Monats- und Jahresmaps ergänzend zu Ihrem Kalendarium erstellen. Meist ist es ausreichend, wenn die Mind Maps eine zeitliche Ebene über dem Kalendarium beginnen. Haben Sie ein Tageskalendarium, ergänzen Sie dieses mit Wochenplanmaps. Arbeiten Sie mit Wochenplänen, erstellen Sie Monatsmaps.

Auf die Maps schreiben Sie alle Aufgaben, Ziele, Ideen oder To-dos, die Sie noch nicht terminieren können. Alles, was einen Termin hat oder bekommen kann, wird unmittelbar im Kalendarium vermerkt.

Durch die Kombination mit einem Kalendarium erhöhen Sie die Signifikanz Ihrer Maps, da Sie keinerlei zeitlich orientierte Hauptäste benötigen. Die Zeitachse deckt Ihr Kalendarium ab. So bieten sich für einen Wochenplan z. B. die wiederkehrenden Hauptäste Kommunikation (mündlich, schriftlich, persönlich) und eine Priorität der Woche an.

Wochenplan

Das Ende der To-do-Listen

Die „Einkaufslisten des Arbeitsalltags" gehören bei der Selbstorganisation mit Mind Maps schnell der Vergangenheit an. Erfassen Sie Ihre (nicht terminierten) Aufgaben in Mind Maps.

Themen- oder tätigkeitsorientiert mappen

Schon dadurch, dass Sie Mind Maps verwenden, geben Sie Ihren Aufgaben eine Struktur. Sie können die Hauptäste themenorientiert wählen, z. B. in Arbeit befindliche Projekte, bestimmte Kunden, Arbeitskreise oder Teams, Ihre Familie usw. Tätigkeitsorientierte Hauptäste sind ebenso möglich. Diese könnten sein: Telefonate, Meetings, Kundenbesuche, Schreiben usw. Ihre To-dos ordnen Sie den passenden Hauptästen zu.

Im nächsten Schritt können Sie Prioritäten vergeben und terminieren. Mit einem Haken versehen Sie erledigte Aufgaben. Durchgestrichene Äste sind eliminierte To-dos. Schauen Sie sich zur Verdeutlichung die To-do-Map in der Galerie auf Seite 125 an.

Mind-Map-Produkte fürs Zeitmanagement

Zeitplanbücher

Bei Zeitplanbüchern mit Ringmechanik können Sie sowohl Kalendarium als auch Mind Maps in einem Organisationsteil handhaben.

Die Formulare der Firma tempus beispielsweise (passend auch für Time/System u. a) machen Ihnen wenig Vorgaben, lassen viel Platz und haben den Vorteil, dass die Mind Maps vollumfänglich neben dem Kalendarium betrachtet werden können. Neben zeitlich orientierten Formularen (Jahr, Monat, Woche) finden Sie auch allgemeine Formulare zur Planung und Ideensammlung.

Elektronische Systeme

Die beschriebenen Mind-Map-Formulare lassen sich auch gut in Kombination mit Palm oder Pocket-PC verwenden. Mind-Map-Formulare sind eine ideale Ergänzung, um schnelle Übersichten und Anmerkungen zu Termineinträgen vorzunehmen. Sie können in einem Zeitplanbuch statt der üblichen Formulare links Ihren Palm unterbringen und rechts daneben die Mind-Map-Formulare – passend zum Gehirnmodell. Inzwischen gibt es auch Pocket-PC-Versionen des MindManagers (Seite 105), mit denen sich, etwas rudimentär vielleicht, Maps erstellen und bearbeiten lassen.

■ *Achtung: Das Erfassen und Verwalten von Aufgaben darf nie länger dauern als deren Durchführung!* ■

Projekte steuern

Ganz bewusst steht das Thema Mind Maps und Projekte am Ende dieses Kapitels. Denn alles, was Sie bisher in Kapitel 3 gelesen haben, können Sie in Projekten anwenden.

Was kennzeichnet Projekte?

Projekte sind umfassende Planungsaufgaben. Sie lassen sich gegenüber sonstigen Tätigkeiten in Unternehmen oder Organisationen durch folgende Merkmale abgrenzen und kennzeichnen:

- eine klare inhaltliche und zeitliche Zielsetzung,
- die Besonderheit des Vorhabens,
- einen innovativen Ansatz oder Kerngedanken,
- klare, meist begrenzte Ressourcen an Personal, Zeit und Geld,
- eindeutige Ergebnisverantwortung,
- eine besondere Organisationsform (Teams),
- ein erhöhtes Risiko.

Phasen des Projektmanagements

Der Ablauf eines Projektes gliedert sich klar in verschiedene Phasen:

1. Vorbereitung: dient zur Problemanalyse, Zielklärung, Risikoanalyse, Durchführbarkeitsprüfung, Auftragsvergabe und Projektteambildung.
2. Planung: dient zur Festlegung der Durchführung des Projektes anhand verschiedener Pläne für Kosten, Termine, Abläufe und Strukturen.
3. Durchführung: dient zur Verwirklichung des Projektes; gekennzeichnet durch steuernde und kontrollierende

Maßnahmen sowie den ständigen Abgleich zwischen Planungsvorgaben und Ist-Zustand.

4 Abschluss: Dokumentation der Ergebnisse, Integration der Ergebnisse in den normalen Arbeitsprozess (ggf. ein neues Projekt!), Auflösung der besonderen Organisationsform (Teams).

Mind Maps in Projekten einsetzen

Da sich jeder Einzelne innerhalb eines Projektteams einbringen und organisieren muss, halte ich den Einsatz von Mind Mapping zu Beginn eines Projektes für sinnvoll und nützlich. Besonders in der Vorbereitungsphase können Mind Maps Gruppen- und Klärungsprozesse unterstützen und fördern.

Bei der Durchführung des Projektes können Maps ein hervorragendes Hilfsmittel sein, um den Überblick zu wahren, die wesentlichen Ziele im Auge zu behalten und das Projekt auf Kurs zu halten.

Für Besprechungen und Präsentationen innerhalb des Projektteams können Sie sich mit kurzen Maps vorbereiten, Ihre Beiträge skizzieren und präsentieren.

Mind Mapping in den Projektphasen

Mind Maps können Sie in allen Projektphasen einsetzen:

Vorbereitung

- Sammeln und strukturieren Sie Fakten und Ideen als Basis zur Zielklärung wie im ersten Abschnitt „Ideen sammeln" erläutert (Seite 56).

- Erstellen Sie Maps über die Teammitglieder, deren Input und Zuständigkeiten. Lassen Sie die Teammitglieder sich anhand einer Mind Map kurz vorstellen.

Planung

- Erfassen Sie die Meilensteine des Projektes in Planungs- und Übersichtsmaps. Erstellen Maps mit Aufgaben, Zuständigkeiten und Prioritäten.
- Nutzen Sie Maps zur Darstellung der Schnittstellen und Verantwortlichkeiten.

Durchführung

- Mit einzelnen Ist-Zustands-Maps können Sie den Verlauf des Projektes verfolgen.
- Als Projektleiter können Sie Maps anlegen, in die Sie die Rückmeldungen Ihrer Teammitglieder eintragen.

Abschluss

- Dokumentieren Sie den Projektablauf in einer Map.
- Nutzen Sie eine Map zur Vorbereitung Ihrer Abschlusspräsentation.
- Lassen Sie alle Teammitglieder gemeinsam eine Map erstellen, die den Nutzen des Projektes für jeden Einzelnen zeigt.

Mit einer Mega-Map Projekte steuern

Projekte sind nicht an Unternehmen oder Institutionen gebunden. Auch im Privatleben ergeben sich mitunter herausfordernde Projekte, die mit Mind Mapping leichter zu bewältigen sind.

Beispiel

Das Ehepaar Keuder und seine Kinder Uta und Uli haben beschlossen, im Garten der Großeltern ein eigenes Haus zu bauen. Für Sonntag nach dem Mittagessen ist die erste Familienkonferenz zum Thema Hausbau terminiert. Jeder hat die Aufgabe, bis zu diesem Termin seine Wünsche und Ideen zum gemeinsamen Haus in einer Mind Map zu sammeln.

In der ersten Familienkonferenz werden alle Wünsche und Ideen in einer großen Map zusammengefasst. Parallel dazu haben die Eltern in einer Map die harten Fakten wie Finanzierung, Zeitrahmen, Auflagen durch Behörden usw. erfasst. Eine weitere Map bietet eine Übersicht über alle am Hausbau benötigten Gewerke inklusive Architekten und Statiker. In dieser Map sind auch die Namen und Kontaktdaten der regionalen Handwerker erfasst.

Als nach einigen Monaten der Architekt gewählt, die Statik berechnet und der Bauplan erstellt ist, beginnt Familie Keuder mit einer neuen Map die Durchführung des Hausbaus zu planen. Hierbei nutzen die Keuders eine Mega-Map-Struktur. Auf der ersten Seite eines großen Flipchartblocks werden alle Aspekte zum Thema Haus als Hauptäste erfasst. Dies ist wichtig, um Verbindungen und Engpässe zu erkennen. Meist werden jedoch nur ein oder zwei Unterzweige angelegt, denn für die meisten Hauptäste sind weitere Detailmaps auf den folgenden Seiten des Blocks geplant.

Da das neue Haus das wichtigste Projekt von Familie Keuder in den nächsten Monaten ist, bekommt es einen zentralen Platz auf dem Sideboard im Wohnzimmer. Dort wird der Flipchartblock abgelegt, in dem jeder jederzeit nachschauen und ggf. ergänzen kann. Neben dem Block steht das Modell und über beidem hängt eine von Uta und Uli angemalte vergrößerte Ansicht des neues Hauses. Alle fühlen sich bestens gerüstet und starten mit Begeisterung in das Projekt Hausbau.

Von Hand oder mit Softwareunterstützung?

Projekte können in der Anzahl der beteiligten Abteilungen und Mitarbeiter sowie dem Budget an Zeit und Geld sehr unterschiedlich sein. Je komplexer und größer die Projekte werden, desto häufiger ist der Einsatz von Mind-Map-

Software sinnvoll. Hier bietet sich vor allem die Software MindManager an, da sie Schnittstellen zu Projektmanagementsoftware bereitstellt (Seite 105).

Weitere Anwendungen

Vorträge und Präsentationen entwickeln

An anderer Stelle des Buches wurde auf die Möglichkeiten hingewiesen, die Mind Maps bei der Mitschrift von Vorträgen (Seite 70) und Powerpoint-Präsentationen (Seite 72) bieten. Mind Maps helfen Ihnen aber auch, Vorträge und Präsentationen vorzubereiten. Sie können folgendermaßen vorgehen:

1. Assoziieren Sie mit einer Ideenmap. Sammeln Sie Aspekte Ihres Themas.
2. Gliedern und strukturieren Sie mit Farben und Symbolen in der Ausgangsmap oder legen Sie eine zweite, gegliederte Map an.
3. In einer abschließenden Mind Map erstellen Sie den Fahrplan für Ihre Präsentation.

Besprechungen vor- und nachbereiten

Nutzen Sie Mind Maps auch für Ihre Besprechungen. Sie können bereits mit einer Mind Map einladen. Wenn Sie diese Map so gestalten, dass an den Tagesordnungspunkten noch Platz bleibt, z. B. dadurch, dass Sie die Hälfte der Seite frei lassen, kann sich der einzelne Teilnehmer gleich anhand der Einladung auf die Besprechung vorbereiten.

Protokollieren Sie Ihre Besprechung simultan mit (Seite 74). Wann haben Sie das letzte Mal ein Besprechungsprotokoll bereits wenige Tage nach der Besprechung in Händen gehalten?

Gespräche vorbereiten und protokollieren

Sie können Kunden-, Mitarbeiter-, oder Klientengespräche mit einer Mind Map vorbereiten, in der Sie Gesprächspunkte sammeln und strukturieren. Zeigen Sie Ihrem Gesprächspartner anhand der Map, welche Punkte Sie besprechen möchten. Fragen Sie, ob er Ergänzungen hat. Wenn ja, können Sie diese Anregungen in Ihre Map aufnehmen.

Schreiben Sie Gespräche in Mind Maps mit. Wie bei Besprechungen können Sie jedem Gesprächsteilnehmer eine Farbe geben und damit Statements schneller zuordnen. Genauso wie bei Vorträgen müssen Sie weniger schreiben, bleiben demnach aufmerksam im Gespräch. Viele Gesprächspartner reagieren positiv auf diese Art der Aufzeichnung. Sie ist ungewohnt, interessant und deutlich transparenter als übliche Textnotizen. Damit binden Sie Ihren Gesprächspartner intensiver in die Unterhaltung ein.

Lernen

Mind Maps können Sie beim Lernen vielfältig einsetzen. Bereits erwähnt wurden die folgenden Möglichkeiten:

- Mitschreiben in Unterricht und Vorlesung (Seite 72),
- Zusammenfassung und Exzerpte von Büchern (Seite 66).

Literatur selektieren

Etwas verkürzt eignet sich die Technik des überfliegenden Lesens auch zum Selektieren von Literatur. Wenn Sie zehn Bücher aus der Bibliothek mit nach Hause nehmen, aber nur Zeit zur Lektüre von maximal dreien haben, können Sie sich auf die beschriebene Art schnell einen Überblick verschaffen. Heben Sie die Maps zu jedem Buch auf. Wählen Sie anhand Ihrer Überblicksmaps die Bücher oder Buchteile aus, mit denen Sie sich intensiver beschäftigen möchten.

Mit Maps Stoff wiederholen

Mind Maps eignen sich ebenfalls gut, um Stoff zu wiederholen und Prüfungen vorzubereiten. Sowohl der Wechsel des Lernkanals als auch der Wechsel von rezeptivem Aufnehmen zu aktiver Wiedergabe gelingt einfach. Sie können

- sich mit einer Map selbst Vorträge über den Stoff halten,
- sich oder anderen bestimmte Sachverhalte erklären,
- die Map aus dem Gedächtnis wieder aufzeichnen,
- verschiedene Unteräste zum Thema zeichnen und weitere Maps aus anderer Perspektive erstellen.

Maps in der Lerngruppe einsetzen

Sie können auch in einer Lerngruppe Mind Maps einsetzen, indem Sie zu erarbeitenden Stoff (ganze Bücher oder einzelne Buchkapitel) zur Durcharbeit aufteilen. Die Ergebnisse werden mittels Mind Map präsentiert, die Map wird jedem zur Verfügung gestellt. Wenn Sie dafür ein EDV-Programm einsetzen (Seite 102), können Sie die Einzelmaps leicht zu einer Gesamtmap zusammenfügen.

■ *Bisweilen kann es interessant sein, verschiedene Maps zum selben Buch oder zu einer Vorlesung miteinander zu vergleichen. Diskutieren Sie über die Unterschiede und das jeweilige Verständnis.* ■

Lernen organisieren

Nutzen Sie Mind Maps nicht nur inhaltlich, sondern auch organisatorisch. Planen Sie Weiterbildung und Studium mit einer Map. Sie können Ziele und Visionen festlegen, die Ihnen helfen, Praktika oder Semesterjobs während eines Studiums zielorientiert einzusetzen. Natürlich können Sie auch Prüfungsvorbereitungen mit einer Map organisieren. Verschaffen Sie sich einen Überblick über den Soff, die verbleibende Zeit und Ihr Wunschergebnis. Auf dieser Basis legen Sie die Arbeitspensen und Lernphasen fest. Eine solche Übersichtsmap hilft, dass am Ende der Zeit nicht noch unerwartet viel Lernstoff übrig bleibt. Eine solche Map finden Sie in der Galerie auf Seite 126.

Da Mind Mapping eine reduzierende Aufzeichnungstechnik ist, sollten Sie sich Ihre Exzerpte und Mitschriften immer wieder einmal anschauen und die mit den Schlüsselworten verbundenen Inhalte im Gedächtnis aktivieren.

Strukturieren und Dokumentieren

Nutzen Sie die Hierarchie von Mind Maps, um Ihre Daten, Interessens- und Aufgabengebiete zu strukturieren. Sie können für jedes Ihrer beruflichen und privaten Themen eine Mind Map mit den wesentlichen Inhalten erstellen und angeben, wo Sie die wichtigsten Dokumente dazu aufbewahren. Meist wird dies sehr umfangreich und es empfiehlt sich die Nutzung der EDV (Seite 102).

Beispiel

Herbert Grün und seine Kollegen kämpfen gegen die tägliche Informationsflut. Gemeinsam beschließen Sie, die Sachgebiete aufzuteilen und jeweils einen Kollegen als Hauptansprechpartner zu benennen. Herbert Grün legt daraufhin für jedes seiner Sachgebiete eine Mind Map an, in der er alle relevanten Informationen erfasst. Zu der Mind Map gibt es eine Hängemappe, in die gedruckte Informationen abgelegt werden. Zusätzlich entscheidet Herbert Grün sich für eine Farbkodierung der Sachgebiete, die er sowohl in Maps als auch in der Ablage verwenden will. Seine Übersichtsmap dient ihm als Inhaltsverzeichnis für das Gebiet.. In einer weiteren Map definiert er Eingangskriterien, um nur noch Informationen aufzunehmen und zu bearbeiten, die mindestens einem dieser Maßstäbe genügen. Alle anderen Informationen werden nicht mehr beachtet.

Wenn Sie so konsequent vorgehen wie Herbert Grün, können Sie anhand von Übersichtsmaps eingehende Informationen sofort nach Sachgebiet und Bedeutung einordnen. Mit manchen Dingen brauchen Sie sich dann gar nicht erst zu beschäftigen und haben damit eine Menge für Ihr Zeitmanagement (Seite 77) getan.

Die nächsten Schritte

Sie haben in diesem Kapitel viele Anwendungen des Mind Mapping kennen gelernt.

Erstellen Sie als Abschluss des Kapitels eine Mind Map, in der Sie die für Sie praktischsten und nützlichsten Anwendungen aufführen. Geben Sie konkret an, *wann*, *wo* und *wie* Sie das als sinnvoll und nützlich Erachtete einsetzen wollen.

In welchem Zusammenhang könnten Sie

- einen kreativen Prozess mittels Mind Mapping steuern und dokumentieren,
- mittels Mind Map Fragen an einen Text stellen,
- sich einen Überblick über ein Buch verschaffen und dabei eine Mind Map ebenenweise aufbauen,
- sich auf eine Besprechung mit einer Mind Map vorbereiten,
- eine Besprechung (nur für Sie selbst) protokollieren,
- einen Vortrag mit Mind Maps entwickeln,
- Ihren Wochen- oder Monatsplan in Mind-Map-Form erstellen,
- Ihren Kindern zeigen, wie sie sich mit einer Mind Map auf die nächste Klassenarbeit vorbereiten können,
- Ihre Hauptaufgabengebiete, Interessen und Zuständigkeiten am Arbeitsplatz in einer Map visualisieren?

Mind Mapping zur Persönlichkeitsentfaltung

Ein gehirngerechtes Werkzeug wie Mind Mapping spricht Ihre Intuition und Ihre Emotionen an. Nutzen Sie das: Entdecken Sie sich selbst, Ihre Wünsche, Ziele und Ihre Fähigkeiten mit ganz persönlichen Maps.

Entdecken Sie Ihre Potenziale

„... ich beobachtete etwas, das in seinen Ausmaßen noch unvorstellbarer ist als die gewaltigste aller Welten. – Und das wäre? Das Individuum."

E. E. Cummings

Erstellen Sie eine Ich-Map

In meinen Seminaren lasse ich die Teilnehmer eine Mind Map über sich selbst gestalten. Völlig frei in der Wahl der Hauptäste, entwerfen sie Maps aus ganz persönlicher Perspektive. Mögliche Themen sind

- Familie, Beruf, Hobbys, Freunde,
- Biografie,
- Stärken und förderungswürdige Bereiche,
- Wünsche und Ziele.

Wie würde Ihre Map aussehen? Machen Sie doch einmal eine Pause beim Lesen und erstellen Sie eine Ich-Map – jetzt!

Können Sie sich vorstellen, eine solche Map regelmäßig anzulegen? Vielleicht jährlich am Geburtstag oder zu Neujahr? Wenn Sie diese Maps aufheben, erhalten Sie ein Tagebuch in ganz besonderer Form. Ihre persönliche Mind-Map-Biografie entsteht, wächst wie die Jahresringe eines Baumes. Die Galerie zeigt auf der Seite 128 eine grafisch vereinfachte Ich-Map. In das selbst gewählte Baumsymbol wurden die

Hauptäste der Map integriert. Die Map stellt grundlegende Werte aus den vier zentralen Lebensbereichen Sinn, Tun, Sein und Körper dar.

Erfahren Sie mehr über sich

Mind Maps sind gehirngerecht und unterstützen das Denken. Das haben Sie inzwischen schon mehrfach gelesen. Wenn das stimmt, dann kann die Anwendung nicht beim kreativen Prozess aufhören, dann muss noch mehr möglich sein. Das ist es auch!

Bilder und Farben können unsere visuelle Vorstellungskraft und unsere Emotionen wecken. Wenn Sie sich ganz auf den Prozess des Mappens einlassen und sehr persönliche Themen wählen, vermag eine Mind Map Ideen, Begriffe und Sichtweisen zu Tage fördern, die Sie überraschen, verwundern und beeindrucken werden.

Mind-Map-Flow

Sie können einen Zustand erreichen, den der Glücksforscher Mihaly Csikszentmihalyi „Flow" genannt hat: das selbstvergessene Einssein mit sich und seiner Tätigkeit. Erfahren Sie mehr über sich, lernen Sie sich anders, neu kennen. Mappen Sie einmal über

- Ihre persönlichen Werte (Liebe, Freundschaft ...),
- Ihren Glauben (Weisheit, Gott, Universum ...),
- Ihre Herzenswünsche (Seite 127 in der Galerie),
- Ihr Leben.

Machen Sie das Mappen zu solchen Themen zu einem besonderen Ereignis. Reservieren Sie sich Zeit dafür, achten Sie auf eine ansprechende Umgebung und Materialien, die Ihnen gefallen, die Ihnen Freude bereiten (vielleicht handgeschöpftes Papier, besondere Stifte).

Stimulieren Sie Ihre Sinne

Wenn Sie mögen, stimulieren Sie Ihre Sinne. Lassen Sie, bevor Sie beginnen, für etwa 20 Minuten (länger überfordert das Gehirn) eine Duftlampe einen angenehmen Geruch verbreiten. Für diesen Zweck sind stärkende, geistig aktivierende Düfte wie Lemongras, Limette, Pfefferminze, Thymian oder Wacholder geeignet. Legen Sie eine besondere Musik auf, etwas Klassisches, spezielle Meditations- oder Gehirnfrequenz-CDs (Smart Music, Herzintelligenz-CD) oder einfach Ihre Lieblingsmusik. Sie können zu Beginn auch ein bisschen jonglieren, um Ihre Hirnhälften stärker miteinander zu verbinden. Wollen Sie noch mehr Gewinn daraus ziehen? Dann mappen Sie gleichzeitig mit Ihrem Partner und tauschen sich hinterher aus.

Verwirklichen Sie Ihre Ziele

Sie haben mittlerweile eine Menge darüber gelesen, wie Sie Mind Mapping praktisch einsetzen können, etwa um Ihre Zeit zu planen. Und auch darüber, wie Mind Maps Ihnen helfen können, mehr über sich selbst zu erfahren. Diese Anregungen können Sie als Ausgangspunkt für ein verändertes, ein ganzheitliches Selbstmanagement nutzen.

Drei Ebenen des Selbstmanagements

Bestimmen Sie Ihre Ziele

Selbstmanagement ist mehr als Zeitmanagement. Beim Zeitmanagement gehen Sie von Ihren Aufgaben aus, Ihren To-dos, und versehen diese mit Terminen und Prioritäten. Sie führen To-do-Listen oder To-do-Maps (Seite 81). Prioritäten setzen Sie dabei nach der Bedeutung der Aufgaben. Aber was ist wichtig und warum? In Bezug auf was ist ein bestimmtes To-do wichtig? Sie müssen Ihre Ziele kennen, um Aufgaben einordnen zu können.

■ *Ein Ziel ist die Beschreibung eines erwünschten Zustandes, der in der Zukunft erreicht oder beibehalten werden soll.* ■

Wenn Sie sich an Ihren Zielen orientieren, haben die Aufgaben Priorität, die diesen Zielen dienen. To-dos, die keinen Bezug zu Ihren Zielen haben, sind weniger wichtig. Solche, die Ihren Zielen gar entgegenstehen, sollten Sie in Ihrer Map durchstreichen. Große Ziele unterteilen Sie sinnvoll in Teilziele, in Meilensteine. Ziele entstehen durch den Entschluss, bestimmte Wünsche zu verwirklichen. Ist der Entschluss gefasst, werden Maßnahmen festgelegt, die konkrete Umsetzung geplant und deren Erfolg kontrolliert.

Erkennen Sie Ihre Mission

Um sich Ziele setzen zu können, brauchen Sie wiederum einen größeren Bezugsrahmen. Sie müssen sich darüber klar werden, was Sie antreibt, wohin Sie wollen, wovon Sie träumen. Was ist Ihre Berufung? Was zieht sich wie ein roter Faden durch Ihr Leben? Wenn Sie diesen Ruf, den roten Faden, der sich durch Ihre Erfahrungen und Begegnungen zieht, in Worte fassen, in einem Satz verdichten, haben Sie ein Lebensmotto, eine „Mission" kreiert. Aus dieser können Sie Ihre Wünsche und Visionen speisen und Ihre Ziele ableiten bzw. sie daran anpassen.

Finden Sie Ihr Credo

Über dieser Mission stehen Ihre Werte, Ihr „Credo". Ein persönliches Glaubensbekenntnis, mit dem Sie sich als Mensch einordnen, verorten in der Welt, im Universum. In früheren Zeiten war dieses Glaubensbekenntnis von der Kirche vorgegeben. Heute, da der kirchliche Einfluss sinkt, stellt sich für viele Menschen die persönliche Frage nach dem Lebenssinn, die sie sich selbst beantworten müssen.

Somit betreiben Sie ganzheitliches Selbstmanagement auf drei Ebenen:

1. Setzen Sie sich Ziele und visualisieren Sie diese.
2. Entwickeln Sie eine Mission.
3. Finden Sie Ihr Credo.

Selbstmanagement mit Mind Maps

Mind Maps können Sie auf allen Selbstmanagementebenen einsetzen. Die Anwendung des Mind Mapping für To-dos und Ziele wurde bereits im Abschnitt über Zeitmanagement besprochen (Seite 77).

Die eigene Mission zu finden ist in der Regel ein längerer Prozess. Hier hilft Ihnen Mind Mapping, viele Aspekte und Gedanken zu sammeln. Legen Sie sich hierzu eine Map als kontinuierliche Assoziationshilfe an und notieren Sie darauf alles, was Ihnen einfällt. Visualisieren Sie Ihre Visionen, indem Sie Bilder, Fotos in Ihre Maps integrieren und diese zu visuellen Zielcollagen werden lassen. Nutzen Sie die Gelegenheit, sich von Sprache und Text etwas zu entfernen und das bildhaft-emotionale Denken zu fördern. Davon ausgehend können Sie Formulierungen finden, um Ihre Mission in einem Satz zu verdichten. Genauso können Sie beim Visualisieren Ihrer Werte verfahren, um in einer Map Ihr Credo zu veranschaulichen.

„Sichtbare" Ziele erreichen Sie schneller

Mind Maps haben den Vorteil, dass sie Ihnen Ihre Ziele ständig vor Augen führen. Das erhöht bereits die Realisierungschancen. Darüber hinaus nutzen Sie beim Zeichnen mehrere Sinne und bauen so emotionale Energie auf, die Ihnen zusätzlich hilft, das Vorgestellte zu verwirklichen.

Je umfassender Sie Ihre ganze Persönlichkeit in die Mapping-Prozesse einbringen, desto größer wird Ihre Identifikation mit dem Erarbeiteten und desto besser werden Ihre Ergebnisse sein. Damit haben Sie ideale Voraussetzungen geschaffen, das Visualisierte zu erreichen.

Die nächsten Schritte

Hat Sie das vorangegangene Kapitel neugierig gemacht auf diese spannende, ganz persönliche Anwendung des Mind Mapping?

Wenn ja, dann nehmen Sie sich für die Umsetzung doch eine Auszeit von ein paar Stunden, vielleicht sogar einen freien Tag.

- Überlegen Sie, aus welchem Blickwinkel Sie auf sich und Ihr Leben schauen wollen, dann beginnen Sie mit Ihrer Map.
- Wählen Sie als Thema etwas, das Ihnen sehr wichtig ist, einen Wert, der Ihnen am Herzen liegt. Lassen Sie sich von Ihren Assoziationen tragen ...
- Mappen Sie „enthemmt". Sammeln Sie alle Ideen und Gedanken zu Ihren Wünschen. Schalten Sie dabei den inneren Kritiker, die „realistische" linke Hirnhälfte ab. Unterstützen Sie Ihr assoziatives Denken, indem Sie eine angenehme Atmosphäre schaffen und in einer Umgebung mappen, in der Sie sich wohl fühlen. Bewerten Sie die Ihre Ideen erst, nachdem Sie einige Nächte darüber geschlafen haben. Entscheiden Sie dann, welche Wünsche Sie gerne leben würden.

Mind Mapping am Computer

Auch beim Mind Mapping hat die EDV Einzug gehalten. Dieses Kapitel bietet einen Überblick über Mind-Map-Programme, deren Möglichkeiten und die Veränderungen, die Mind Maps durch die Gestaltung am PC erfahren.

Was leistet Mind-Mapping-Software?

Die ersten Programme ...

Als ich 1995 mein erstes Mind-Map-Programm installierte – MindMan – war ich maßlos enttäuscht. Dünne Äste mit farblosem Text verteilten sich auf dem Blatt ... Ich war Mind Maps gewohnt: Farben, Symbole, geschwungene Formen. Ich dachte: „Das wird nichts mit der Software" und hatte mich gründlich getäuscht! Aus MindMan wurde MindManager, heute der Marktführer im Bereich Mind-Mapping-Software. Ein preisgekröntes Unternehmen, das mit der Software auch die Methode Mind Mapping in weiten Bereichen der Wirtschaft salonfähig gemacht und einen neuen Mind-Map-Boom ausgelöst hat. Andere Programme folgten.

... und die heutigen Einsatzmöglichkeiten

Mit Mind-Map-Software haben Sie ein völlig neues Potenzial an Möglichkeiten. Sie können solche Maps auf Ihrem Desktop ablegen, Hyperlinks auf vorhandene Dokumente oder Webseiten einfügen und verschiedene Maps leicht miteinander verbinden. Die Programme bieten zahlreiche Optionen, Mind Maps oder deren Inhalte in andere Formate zu exportieren oder in die vorhandene Softwareumgebung zu integrieren. Vorreiter ist hier die Software MindManager mit interessanten Schnittstellen zu Microsoft-Office-Programmen. Noch am Anfang steht die Integration fremder Inhalte z. B. von Informationsdiensten verschiedener Webseiten oder von Internetsuchergebnissen in die EDV-Map.

Eine Folge dieser rasanten Entwicklung ist die Tatsache, dass heute viele Menschen Mind Mapping mit MindManager oder ähnlicher Software gleichsetzen, was, wie Sie wissen, falsch ist.

Business Maps oder Mind Maps?

Einige Autoren bezeichnen mit dem PC erstellte Maps als Business Maps und sprechen von Business Mapping statt von Mind Mapping. Das mag sinnvoll sein, da es sich bei vielen am PC entworfenen Maps nicht um Mind Maps im klassischen Sinne, sondern um über das Blatt verteilte Sätze handelt. Geschieht dies aus Exportgründen, damit die Map sich leichter in einen Word-Text oder eine Powerpoint-Präsentation umwandeln lässt, ist ein solches Vorgehen nachvollziehbar. Viele mit Software erstellte Maps zeugen allerdings davon, dass sich das Denkwerkzeug allein über die Anwendung von Software nur teilweise erschließt. Man findet sehr häufig viele Sätze, Wiederholungen und fast gar keine Symbole. In diesem Sinne sind Business Maps verarmte Mind Maps, da auf wesentliche Vorteile der Methode (leichtfertig?) verzichtet wird.

Die Stärken der EDV

Dennoch hat natürlich das Mind Mapping mit Software seine eigenen Stärken. Allen voran das unbegrenzte Format. In der EDV kann jede Map so groß werden, wie es erforderlich ist.

EDV-Maps lassen sich schnell abändern

Ein weiterer Vorteil ist, dass sich die Äste automatisch positionieren und Sie jederzeit an jeder Stelle Ergänzungen einfügen können. Bereits eingegebene Inhalte lassen sich verschieben und die Map beliebig umstrukturieren, ohne auch nur ein Wort nochmals schreiben zu müssen. Damit können Sie den Dokumentations- und Schreibaufwand bei sehr strukturierungsintensiven Anwendungen deutlich reduzieren.

Wenn Sie viel mit PCs arbeiten und der PC wesentlicher Bestandteil Ihrer beruflichen und privaten Organisation ist, kann es sehr sinnvoll sein, wichtige Maps mit Mind-Map-Software zu erstellen. Anderenfalls sind die händischen Maps Insellösungen, deren Inhalt leicht übersehen oder vergessen wird.

Beispiel

Michael Keller hat für die wichtigen Bereiche seiner Selbstorganisation EDV-Maps angelegt. Eine Hauptmap, die, in der Autostartgruppe abgelegt, sich automatisch beim Hochfahren des PCs öffnet, verweist auf verschiedene Detailmaps: z. B. To-dos, Internet, Weiterbildung ... Um seinen Organisationsaufwand möglichst gering zu halten, ist er dazu übergegangen, Besprechungen nicht mehr per Hand (Beispiel Seite 40), sondern mit MindManager mitzuschreiben. Die beim händischen Mappen angewöhnte Trennung unterschiedlicher Informationen behält er natürlich bei. Dadurch kann er Daten aus seinen Besprechungen sehr einfach in seine Organisationsmaps übertragen: Er muss nur einzelne Äste kopieren, so z. B. den Ast, der ihn betreffenden Aufgaben in seine zentrale To-do-Map.

Welches Programm wofür?

Im Folgenden stelle ich einige Programme etwas ausführlicher vor. Bitte haben Sie Verständnis dafür, sollte die eine oder andere Detailinformation zu dem Zeitpunkt, an dem Sie dieses Buch lesen oder die Software testen, nicht mehr stimmen. Der Softwaremarkt ist schnelllebig und ein viel versprechendes Produkt kann morgen schon nicht mehr auf dem Markt sein. Aus diesem Grund wurde auf jegliche Preisangaben verzichtet. Internetadressen sind angegeben, in der Hoffnung, dass sie weiterhin Bestand haben mögen. Einige Produkte werden in verschiedenen Versionen (Standard, Professional, Education, Tablet PC oder Mobile) vertrieben. Dies ist nicht überall ausdrücklich vermerkt. Leistungsangaben beziehen sich auf die im Sommer 2005 aktuelle Version.

MindManager®

Der Marktführer im Bereich Mind-Map-Software versteht sich als „Visual Thinking Tool" und zentrales Organisations- und Strukturierungsinstrument innerhalb der MS-Office-Umgebung. MindManager halte ich für die beste Software, wenn es Ihnen wichtig ist, Schnittstellen zu den gängigen Microsoft-Office-Programmen zu haben. Über weitere Exportfilter können Sie die Mind-Map-Daten auch in Datenbanken oder in speziellen wieder lesbaren Formaten wie XML ablegen. Inzwischen gibt es für MindManager einige Zusatzlösungen, z. B. für den Datenaustausch mit Lotus Notes oder zur Erstellung von Diagrammen in der Projektplanung. MindManager ist leicht und intuitiv zu bedienen.

Vor allem die unmittelbare Texteingabe oder das Erzeugen von Zweigen mittels der Umschalttaste machen ein rasches Arbeiten möglich. Dies ist wichtig, wenn man schnell viele Ideen eingeben will. So kommt der Anwender rasch zu guten Ergebnissen. Dennoch ist die Software so umfangreich, dass sich ein Handbuch oder ein Seminarbesuch durchaus lohnt. MindManager läuft nur unter Windows. Eine mit MindManager erstellte Map finden Sie in der Galerie auf Seite 123. Informationen unter:

www.mindjet.de (Herstellerseite) und www.mindbusiness.de (Tipps, Anwendungen und Lösungen rund um MindManager)

Concept Draw Mind Map®

Dieses Programm von Computersystems Odessa ist in seinen Exportmöglichkeiten nicht ganz so umfangreich wie MindManager. Besonderes Merkmal sind die an Grafikprogrammen orientierten Gestaltungsmerkmale. Eine umfangreiche Bibliothek grafischer Bausteine mit freier Positionierbarkeit bietet viele Gestaltungsmöglichkeiten. Damit könnte dieses Programm für Sie interessant sein, wenn Sie vielfältige und auch von der Mind-Map-Struktur unabhängige Gestaltungsalternativen suchen. Informationen unter:

www.conceptdraw.com oder www.csodessa.com

Concept Draw Mind Map gibt es für Mac und Windows. Unter dem Namen Creative Mind Map® vertreibt die Firma DataBecker (www.databecker.de) eine gestraffte Windows-Version dieser Software.

Novamind®

Novamind ist ein weiteres Mind-Map-Programm für Mac-User.

Besonders interessant finde ich die Möglichkeit des XML-Importes. Da MindManager seine Maps in XML abspeichern und Novamind diese Dateien importieren kann, gibt es hier eine Schnittstelle zwischen Windows-PC und Mac-Welt für MindManager-Maps. Informationen unter:

www.nova-mind.com

MindFinder

MindFinder ist das einzige Programm, das ich kenne, mit dem man am PC Mind Maps erstellen kann, die den händischen Maps gleichkommen. Dies betrifft vor allem die Positionierung der Äste. Die meisten EDV-Programme schreiben den Schlüsselbegriff an das Ende des Astes. Dadurch wird bei großen Maps die Mitte leer und der Überblick leidet. MindFinder schreibt Worte direkt an den Anfang des Astes. Alle Äste können individuell ausgerichtet werden und so entstehen Maps, die fast aussehen wie handgezeichnet.

An die Bedienung musste ich mich alllerdings erst gewöhnen. Komplexe, umfangreiche Maps möchte ich mit diesem Programm nicht erstellen müssen. Für mich ein Programm für Liebhaber. Informationen unter:

www.Mindfinder.de

Weitere Softwareadressen

Weitere Mindmap-Programme finden Sie im Internet unter

- www.eminec.com
- www.mindmapper.de
- www.mindgenius.com
- www.visual-mind.com
- www.visimap.com

Ein Open-Source-Mind-Map-Programm für Windows und Linux („FreeMind") finden Sie unter :
http://freemind.sourceforge.net/

Als Concept-Map-Software sind

- „Inspiration" (www.inspiration.com) und
- „Easy-Mapping-Tool" (www.cognitive-tools.de)

zu nennen.

Literatur

Birkenbihl, Vera: Das „neue" Stroh im Kopf, Offenbach 2000

Bodmer, Frederick: Die Sprachen der Welt, Köln o. J.

Buzan, Tony: Kopftraining, München 1993

Buzan, Tony: Das keine Mind-Map-Buch, München 2004

Buzan, Tony, Buzan, Barry: Das Mind Map Buch, Landsberg 1996

Buzan, Tony, North, Vanda: Business Mind Mapping, Wien/Frankfurt 1999

Csikszentmihalyi, Mihaly: Flow, Stuttgart 1992

Holler, Johannes: Das neue Gehirn, Paderborn 1996

Jüngst, Karl Ludwig: Lehren und lernen mit Begriffsnetzdarstellungen, Butzbach/Griedel 1998

Porath, Gudrun: Brain Blooming statt Brainstorm, in: Wirtschaft & Weiterbildung, Ausgabe Oktober 2003

Reimann, Peter: Frische Brise – Helfen Mind Maps beim Denken, in: c't Magazin 1998, Heft 20

Russel, Peter: The Brain Book, London 1994

Walter, Hans-Jürgen: DenkZeichnen, Bayreuth 1997

Stichwortverzeichnis

Die Mind-Map-Galerie

Die folgenden Mind-Maps illustrieren die im Buch beschriebenen Anwendungen. Da wir die Maps hier nur in einem relativ kleinen Format abdrucken können, haben wir deren Komplexität etwas reduziert. Wenn manchmal nicht alle Details lesbar sind, sollte Sie das nicht weiter stören: Die Maps sollen Ihnen nicht inhaltliche Details liefern, sondern das Prinzip der verschiedenen Anwendungsbereiche verdeutlichen.

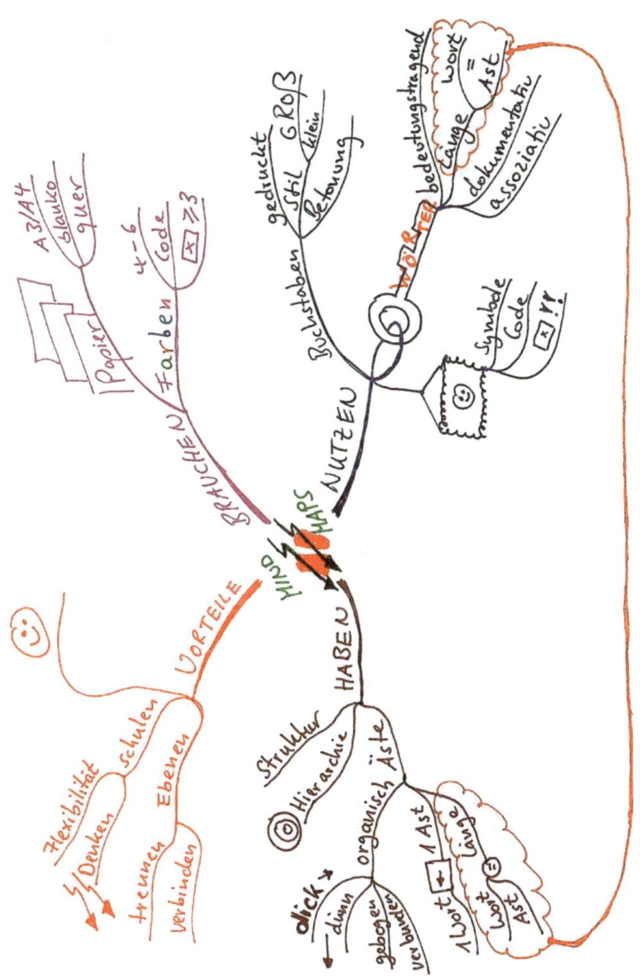

Elemente und Nutzen von Mind Maps als Mind Map

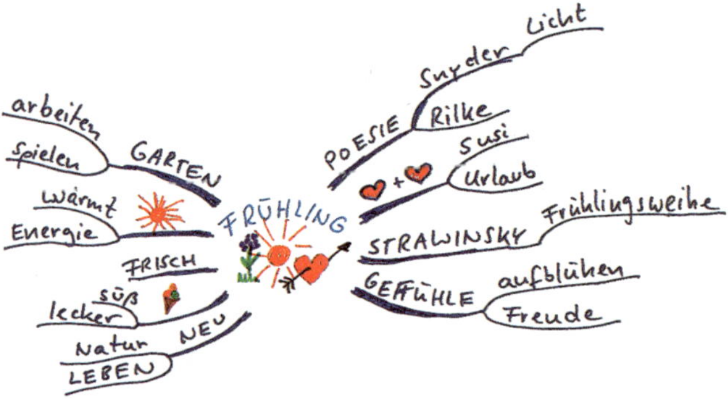

Exemplarische Entwicklung einer Mind Map: Phasen 1 und 2

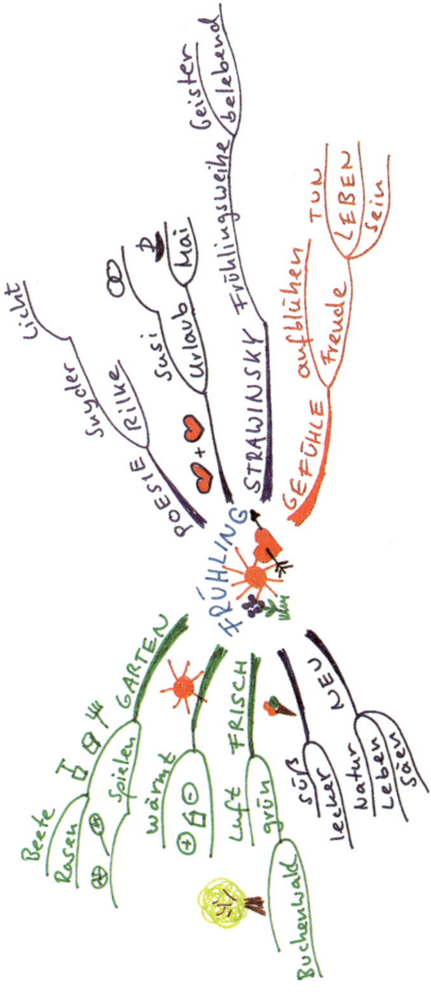

Exemplarische Entwicklung einer Mind Map: Phase 3

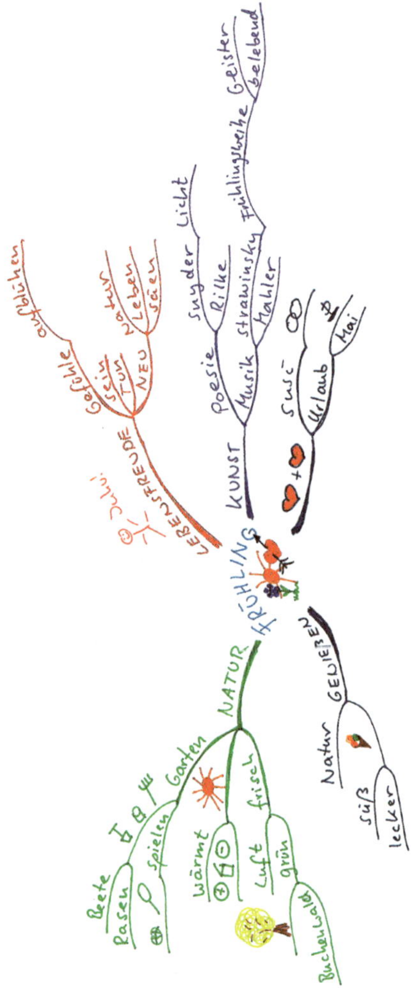

Exemplarische Entwicklung einer Mind Map: Phase 4

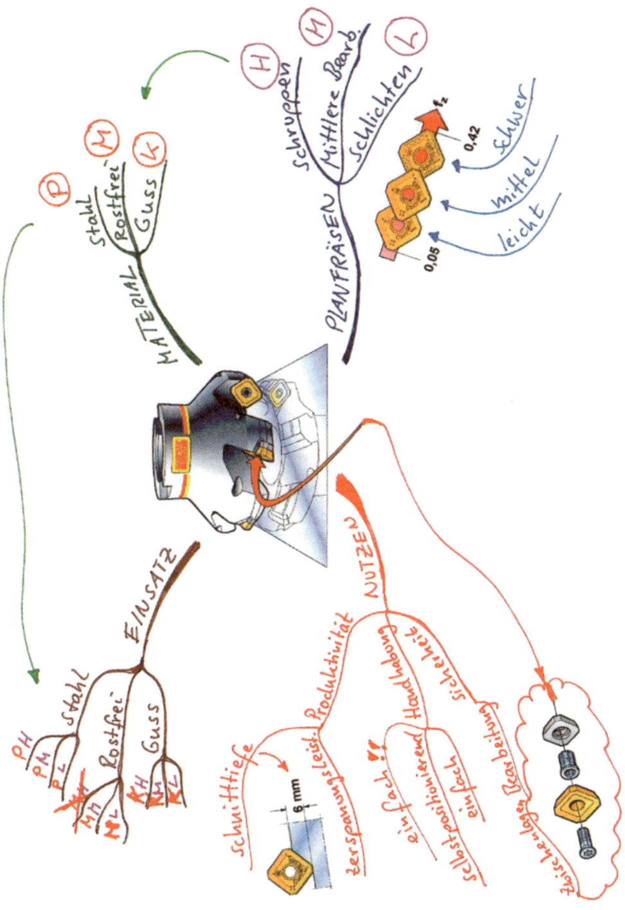

Grafiken integrieren (mit freundlicher Genehmigung der Firma Sandvik)

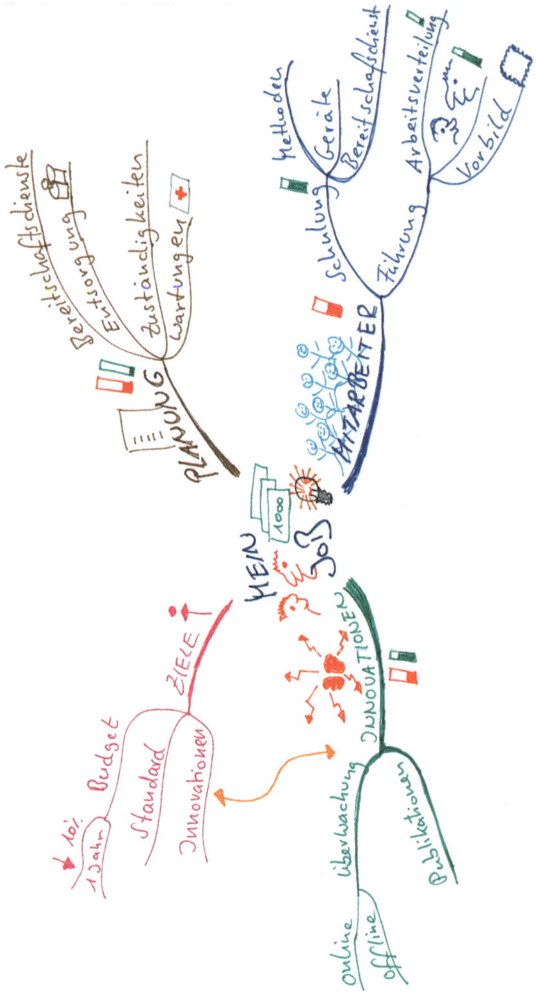

Kodierungen integrieren

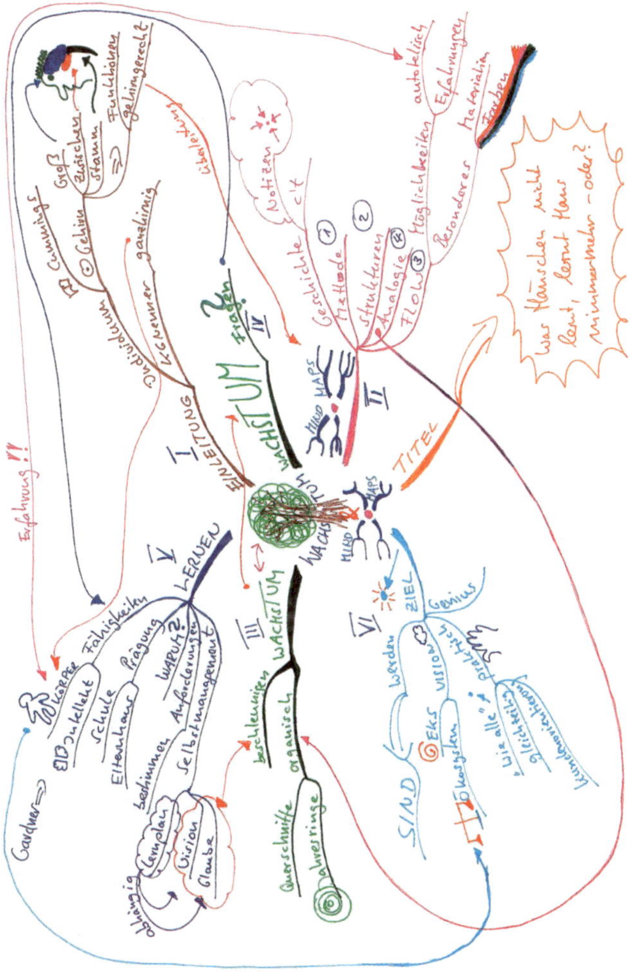

Denken auf dem Papier

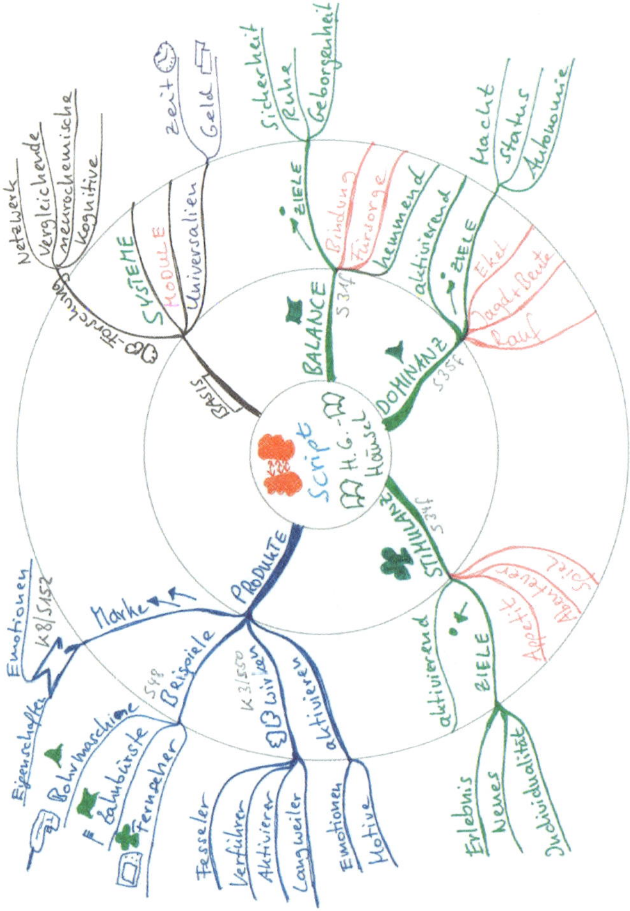

Wesentliche Aussagen eines Buches darstellen: H. G. Häusel: Brain Script

Einen Vortrag mitschreiben: W. Bruhn, Der Kunde im Kopf

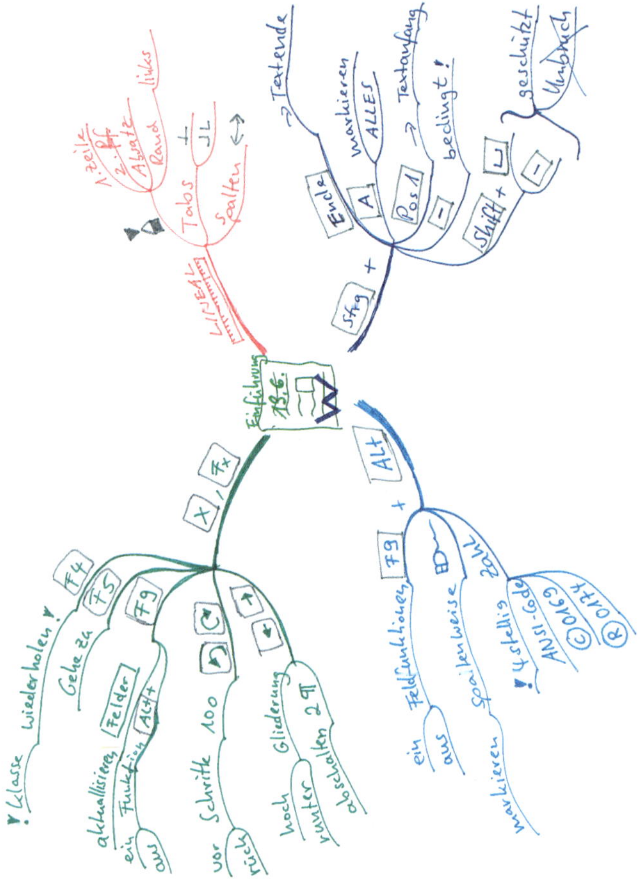

Ein Fortbildungsseminar mitschreiben: Wordkurs

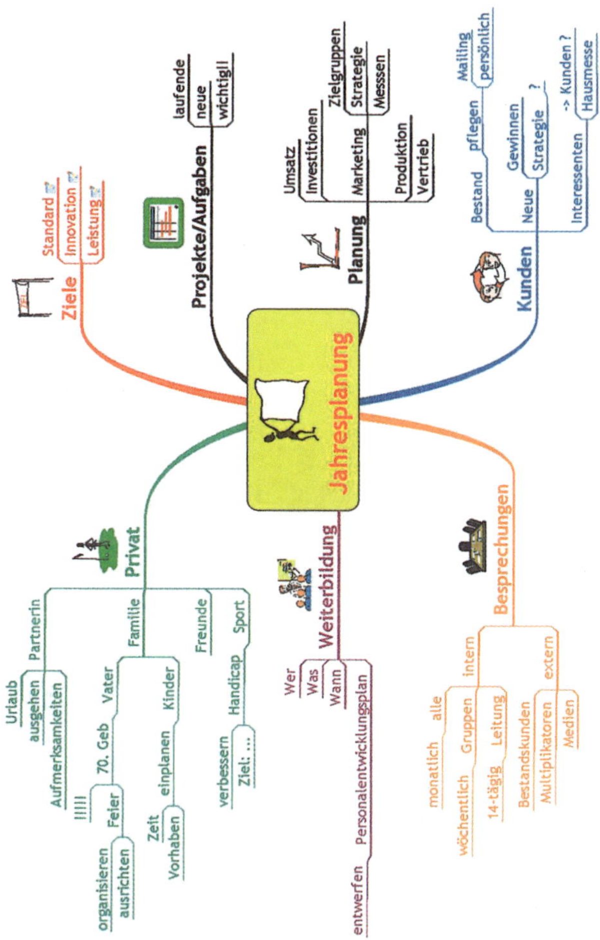

Einen Jahresplan erstellen (Computer-Map mit MindManager)

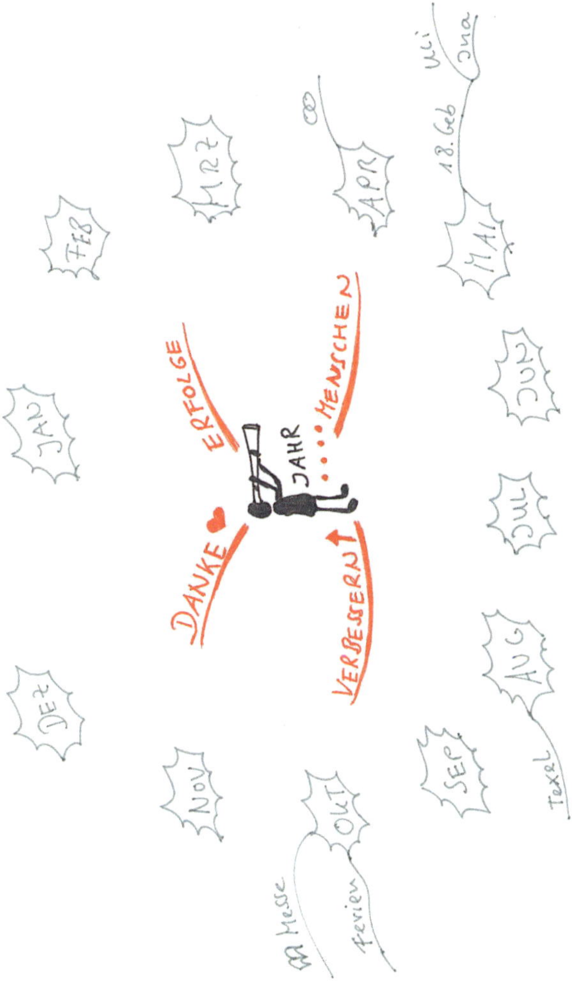

Einen Jahresplan erstellen (Mega-Map)

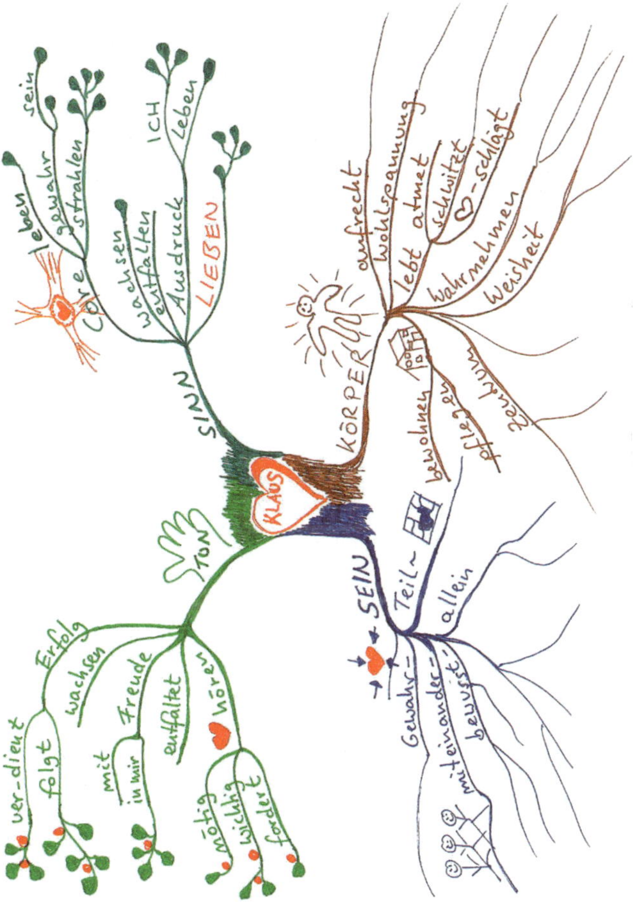
KLAUS
SINN
Core
leben
gewahr
sein
strahlen
wachsen
entfalten
Ausdruck
ICH
Leben
LIEBEN
KÖRPER
aufrecht
Wohlspannung
lebt
atmet
schwitzt
-schlägt
wahrnehmen
Weisheit
bewohnen
pflegen
zentrum
SEIN
Teil-
allein
Gewahr-
miteinander-
bewusst-
TON
Erfolg
wachsen
Freude
entfaltet
hören
ver-dient
folgt
mit
in mir
nötig
wichtig
fordert

Ich-Map

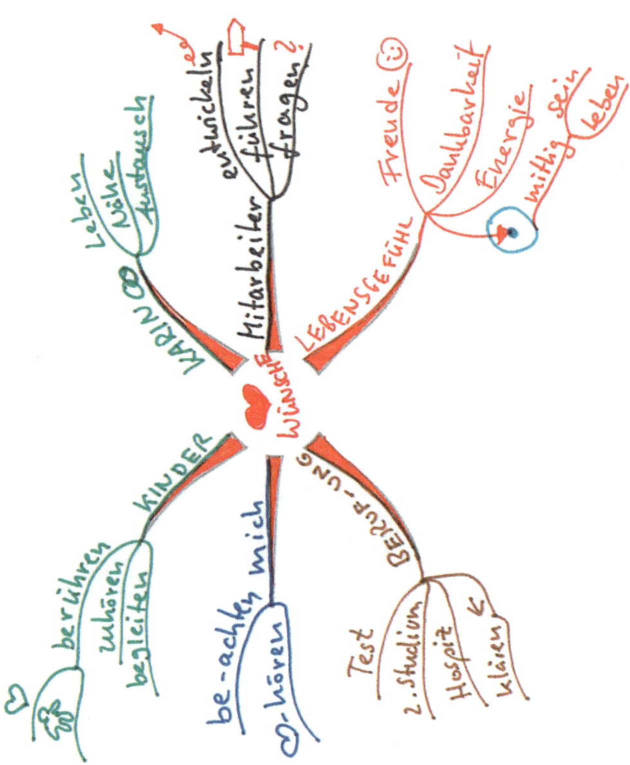

Herzenswünsche mappen (Formular aus dem Mind-Map-Plus-Paket)

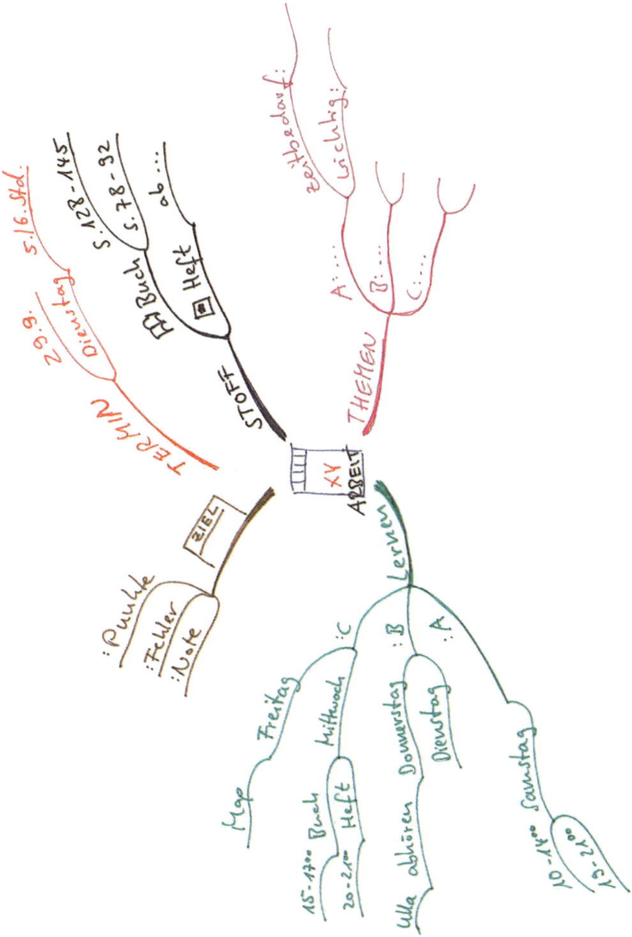

Lernen organisieren

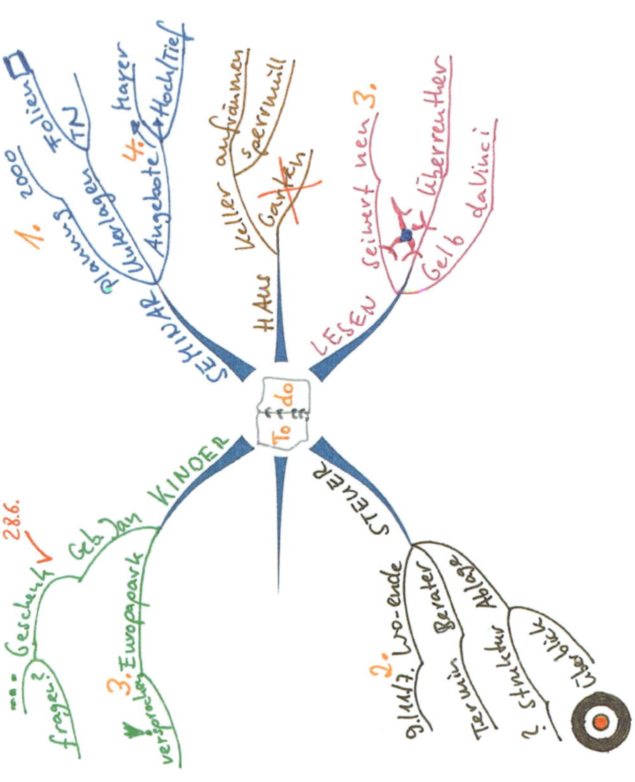

To-do-Map (Formular aus dem Mind-Map-Plus-Paket)